L'Officiel de l'HUMOUR 2016

ISBN : 978-2-7540-8001-9
Dépôt légal : décembre 2015
Imprimé en France par CPI (130430)

Édition : Elodie Le Joubioux-Miossec
Correction : Anne-Lise Martin
Illustrations : © Marc Chalvin
Mise en page et couverture : Olivier Frenot

Éditions First, un département d'Édi8
12, avenue d'Italie
75013 Paris
Tél. 01 44 16 09 00
Fax 01 44 16 09 01
Courriel : firstinfo@efirst.com
Internet : www.editionsfirst.fr

LAURENT GAULET

L'Officiel de l'HUMOUR 2016

+ de 1500 blagues, devinettes, citations...
100 % inédits

FIRST
Editions

Sommaire

L'abus d'alcool est dangereux pour la santé 7
Les belles-mères 13
25 idées pour emmerder ses collègues! 21
Animaux en folie 27
Hommes et femmes en blanc 39
Monsieur et madame ont un fils 49
Perles du sport 59
Bien dégueu! 65
Chuck Norris – Le retour 73
Coquines 83
Le bonheur est dans le pré 91
Toc-toc-toc! Qui est là? 99
Histoires juives 115
Les blondes 125
Les questions cons 145
25 idées pour emmerder ses voisins! 153
People & actualité 159
Drôles de couples… 167
Mots d'esprit 177
Cocus & Co. 199
Atroces! 209

Proverbes à la con 217
Dieu et ses apôtres 225
Les plus courtes sont les meilleures 233
Perles politiques 251
40 idées pour emmerder le monde 263
Troisième âge 269
Blondes vs brunes et rousses 277
Contrepèteries 287
La ronde des métiers 299
Monsieur et madame ont une fille 317
Les blagues à Toto 325
Paf le chien & Co 333
Les répliques les plus drôles du cinéma 339
Vive les femmes ! 365
Vive les hommes ! 371

L'abus d'alcool
est dangereux
pour la santé

• **Un homme entre dans un bar et s'adresse à la serveuse:**
– Je pourrais avoir une 16, s'il vous plaît?
La serveuse revient un moment plus tard avec une 1664.
– Non, je ne voulais pas une 1664, je voudrais une 16!
– Ah... Je suis désolée, nous n'en avons pas.
– Comment ça! Vous n'avez pas de 16 pour s'asseoir?

• **Deux types bourrés prennent la voiture.** Soudain, l'un hurle à l'autre:
– Freine! Freine! Freeeeeine!!!
Mais la voiture s'encastre dans un mur... L'un meurt, l'autre survit. Deux jours plus tard, il sort de son coma à l'hôpital. Après avoir appris la mort de son ami, il est interrogé par les gendarmes sur les circonstances de l'accident... Le rescapé explique:
– Je ne me souviens pas de grand-chose, j'avais beaucoup bu... Je dormais, et quand je me suis réveillé, on fonçait droit vers un mur. J'ai hurlé pour qu'il freine... En vain...
– Cela explique pourquoi il n'a pas freiné, lui dit le gendarme.
– Ah bon? Pourquoi?
– Parce que c'est vous qui conduisiez!

• **Un type complètement saoul pénètre dans une église.** Il entre dans le confessionnal et s'assoit. Un instant plus tard, le curé l'y rejoint pour écouter la confession du paroissien. Le prêtre entame la conversation:
– Bonjour, mon fils...
Le type bourré lui répond:
– Salut! De ton côté non plus y'a plus de PQ?

• **Deux types accoudés au comptoir ont une conversation.**
– Alors? Comment va la santé? Tu devais faire un bilan chez ton médecin, non?
– Oui... Il m'a conseillé de faire du sport.
– Qu'est-ce que tu vas faire comme sport?

– J'ai déjà commencé : je fais des barres parallèles !
– C'est original…
– Pas tant que ça ! Je vais boire dans le bar d'en face, je viens ensuite dans ce bar, je repars dans le bar d'en face, reviens dans celui-là…

• **Un type fait la tournée des bars et ne rejoint le foyer conjugal qu'à 3 heures du matin…** Sa femme qui l'attendait avec un rouleau à pâtisserie commence à le frapper…
– Et pan ! Voilà un coup pour ne pas avoir été là à 1 heure du matin ! Et pan ! En voilà un deuxième pour ne pas avoir été là à 2 heures ! Et pan ! Un troisième pour être revenu à 3 heures ce matin !
Le lendemain soir, le gars qui ne semble pas avoir retenu la leçon entreprend une nouvelle tournée des bars… Il raconte à un copain sa mésaventure de la veille lorsqu'il est rentré chez lui.
– Tu ne crains pas les coups sur la tête quand tu vas rentrer cette nuit ? lui demande le copain.
– Non, j'ai bien compris la leçon ! Je ne rentrerai pas à 3 heures, encore moins à 11 heures, mais à 0 heure pétante !

• **Une association des Alcooliques anonymes collecte des fonds en faisant du porte-à-porte.** Un de ses membres frappe à une porte, une femme lui ouvre…
– Bonjour madame ! Je représente l'association des Alcooliques anonymes de votre quartier, nous collectons des fonds… Accepteriez-vous de nous donner quelque chose ?
– Bien entendu ! Repassez ce soir, vers 23 heures, mon mari sera peut-être rentré, je vous le donnerai !

• **Qui boit s'enivre.**
Qui s'enivre s'endort.
Qui s'endort ne pèche pas.
Qui ne pèche pas va au paradis.
Moralité : buvons !

• **Deux types bourrés déambulent dans la ville.** À un carrefour, sur le trottoir, ils croisent un agent de police. Ils lui demandent :
– Hé ! M'sieur l'agent !
– Oui ?
– Il est passé le 171 ?
– Oui. Il est passé il y a environ un quart d'heure !
– Et le 54 ?
– Aussi, il est passé.
– Et le 23 ?
– Le 23 vient juste de passer.
– Et le 87 ?
– Inutile de demander, il est tard et tous les bus sont déjà passés !
Le type se retourne vers son copain et lui lance :
– C'est bon ! Y'a plus de bus ! On peut traverser…

• **Deux piliers de bar parlent de la mort…**
– Tu as prévu tes obsèques, toi ?
– Oui, je serai enterré !
– Pas moi. Je vais me faire incinérer. C'est plus propre, plus rapide, moins cher et plus pratique pour tout le monde !
– Peut-être bien, mais moi, enterré, j'suis sûr de toujours avoir un ver dans le nez !

• **Dans la rue, un homme s'effondre soudainement au sol…** Un attroupement se forme aussitôt autour de lui. Un homme ordonne à un autre :
– Courez vite lui chercher un verre d'eau !
Une dame conseille plutôt :
– Non, allez chercher un petit verre d'alcool !
Et l'homme étendu au sol ouvre alors un œil et balbutie :
– C'est… C'est… C'est la dame qu'a raison… Hic !

• **Deux alcooliques discutent au comptoir.**
– Qu'est-ce qu'elle va te dire, ta femme, quand tu vas rentrer bourré ?

– Rien ! J'ai pas de femme…
– Ah ? Mais alors, pourquoi qu'tu picoles ?

• **Après une soirée très arrosée, les bars étant désormais tous fermés, un type propose à son copain de venir terminer la soirée chez lui.** Lorsque le type arrive à son domicile, il ouvre doucement la porte pour ne pas réveiller sa femme. Les deux potes se dirigent ensuite directement vers le frigo pour prendre une bière. Le copain demande alors à son hôte où se trouvent les toilettes. Il les lui indique et, lorsqu'il revient, le copain lui annonce :
– Hé ! T'es cocu ! J'me suis trompé, j'suis rentré dans ta chambre… Y'a ta femme qu'est en train de baiser avec un mec !
Le type met alors son index sur sa bouche et dit :
– Chuuuuuuut ! Y'a que deux bières !

• **Juste avant de s'endormir, deux clochards se font une promesse :**
– Celui qui fera le plus beau rêve aura le droit de boire toute la bouteille !
Au petit matin, le clochard annonce à son copain :
– J'ai rêvé que j'étais riche, au bord d'une piscine, entouré de belles nanas… Je crois que j'ai fait le plus beau rêve et que j'ai bien mérité de boire cette bouteille !
Mais en s'en emparant, il constate qu'elle est vide…
– Eh oui… fait son copain. Je crois que j'ai rêvé que je buvais un coup…

• **Les gendarmes arrêtent une voiture qui zigzaguait sur la route…**
– Gendarmerie nationale ! Vos papiers, s'il vous plaît !
– Pfff… J'peux pas les attraper, suis complètement bourré ! J'ai bu une bouteille de Ricard, une de vin, une de champagne, une de…

– Allez, ça suffit ! Vous allez souffler dans le ballon.
– Ben pourquoi ? Vous ne me croyez pas ?

• **Un type sort de discothèque complètement bourré.** Dehors, il hurle sous la fenêtre d'une maison :
– Ohé ! Venez me pousser ! Y'a quelqu'un qui vient me pousser ?
À force de hurler, il finit par réveiller le propriétaire de la maison. Celui-ci se lève et ouvre la fenêtre de sa chambre :
– Qu'est-ce qui se passe, en bas ? C'est quoi ce boucan ! dit-il sans pouvoir apercevoir l'homme saoul.
– Venez me pousser ! Venez me pousser !
– Arrêtez tout de suite ou j'appelle les flics !
Le type referme sa fenêtre et retourne se coucher. À peine est-il au lit que le gars se remet à hurler :
– Venez me pousser ! Venez me pousser !
L'homme commence à s'énerver mais sa femme, couchée à ses côtés, lui conseille :
– Écoute, chéri, tu n'as qu'à t'habiller et descendre l'aider à pousser sa voiture. Plus vite il sera parti, plus tôt nous pourrons dormir !
Le type peste mais se lève. Il s'habille et descend en bas de chez lui. Comme il fait noir, il demande :
– Alors, vous êtes où ?
– Là, sur la balançoire !

Les belles-mères

• **Quelle différence y a-t-il entre un accident et une catastrophe?**
Un accident, c'est quand votre belle-mère tombe par la fenêtre. Une catastrophe, c'est quand elle se relève…

• **Un homme se rend avec sa femme à l'anniversaire de sa belle-mère.** Cette dernière lui fait remarquer qu'il n'a pas apporté de cadeau…
– Eh bien? Je n'ai pas droit à un petit cadeau cette année?
– Non, je ne vous ai jamais vue vous servir des cadeaux que je vous ai offerts! lui reproche son gendre.
– Oh… Je suis navrée… Je ne pensais pas que cela pouvait vous vexer. Mais le geste m'a toujours fait plaisir! Je vous promets d'utiliser votre prochain cadeau!
– Promis?
– C'est promis! Votre prochain cadeau, je l'utilise immédiatement!
– Dans ce cas…
Le gendre sort alors un cadeau caché qu'il destinait à sa belle-mère et le lui tend…
– Oh, vous êtes un farceur! Merci!
Elle ouvre le paquet et découvre son contenu:
– Oh… Un joli vase!
– Non, c'est une urne funéraire!

• **Quel point commun y a-t-il entre une belle-mère et l'alcool?**
Ça saoule!

• **Quelle différence y a-t-il entre une belle-mère et la télévision?**
Avec la télévision, on peut avoir l'image sans le son!

• **Une femme téléphone à sa mère…**
– Il n'est pas encore rentré du travail!

– Je t'avais prévenue : il ne fallait pas l'épouser !
– Oui, je sais... Je suis sûre qu'il voit une autre femme !
– Pourquoi vois-tu toujours les choses en noir ? Peut-être qu'il a simplement eu un accident...

• **Au comptoir d'un bar, un type dit à l'autre :**
– Ça y est ! Je me suis enfin débarrassé de ma belle-mère : je l'ai mise à la porte !
– Toutes les mêmes, ces belles-mères ! Faut toujours qu'elles s'incrustent !
– Oui ! Enfin... c'est nous qui habitions chez elle...

• **Une femme engueule son mari :**
– Ça fait bien vingt fois que je te dis de bien fixer cette horloge au mur ! Aujourd'hui, elle est tombée, et cinq minutes plus tôt, c'est maman qui la recevait sur la tête !
– Pfff... Cette horloge a toujours eu du retard !

• **Sur une plage, un homme demande à sa belle-mère :**
– Quand vous étiez jeune, vous ne portiez pas des strings Poulain ?
– Non, pourquoi dites-vous ça ?
– Parce que vous avez la culotte de cheval !

• **Si vous êtes enfermé dans une cage avec votre belle-mère et deux lions en colère, que l'on vous donne un fusil avec deux cartouches, que devez-vous faire ?**
Tirez deux fois ! Sur la belle-mère...

• **Devant le juge chargé de prononcer son divorce, un homme déclare :**
– En ce qui concerne mon divorce, je veux bien que les torts soient partagés... 50 % des torts à ma femme, et 50 % à ma belle-mère !

• **Un météorologue interrompt son travail pour téléphoner à sa femme :**
– Chérie, quel est le prénom de ta mère, déjà ?
– Oh… C'est gentil de penser à maman pendant que tu travailles ! Fallait pas me téléphoner pour ça, tu pouvais attendre ce soir pour me le demander. Mais vis-à-vis de ma mère, je suis agréablement surprise de constater que ce petit trou de mémoire te dérange à ce point !
– Non, mais… il y a un nouvel ouragan qui se forme, il faut que je le baptise !

• **Une blonde commande à un architecte le plan d'une maison sans angle.**
– Vous ne souhaitez réellement aucun angle ? Dans aucune pièce ?
– Aucun angle !
– Mais pourquoi cela ?
– Ma belle-mère a dit qu'elle viendrait s'installer chez nous et qu'un petit coin lui suffirait…

• **Un homme dont la belle-mère vient de mourir s'occupe de régler ses obsèques.** L'employé des pompes funèbres lui demande :
– La défunte a-t-elle choisi ses funérailles ?
– Ben… Je n'en sais rien.
– Que souhaitez-vous ? Qu'elle soit enterrée, incinérée…
– Les deux ! Laissons-lui aucune chance !

• **Une belle-mère à son gendre :**
– Un jour ou l'autre, vous me ferez mourir de chagrin !
– Bonne idée ! lui répond-il. Comme ça, on ne trouvera pas l'arme du crime !

POURQUOI M'AMENEZ-VOUS VOTRE CHIEN ?
VACCIN
IL A MORDU MA BELLE-MÈRE !
AH... VOUS SOUHAITERIEZ QUE JE LE PIQUE ?
AH NON !
BIEN. ON PEUT ESSAYER DE LUI FAIRE PRENDRE DES CALMANTS...
NON PLUS !
J'AIMERAIS QUE VOUS LUI AIGUISIEZ LES DENTS !
OUI MON CHIEN... TU ES UN BON CHIEN CHIEN...
CHALVIN.

• Quelle heure est-il lorsqu'une belle-mère s'assoit sur votre montre ?
L'heure d'en racheter une autre…

• Comment faire descendre votre belle-mère d'un arbre ?
En coupant la corde.

• Quel est le poids idéal pour une belle-mère ?
1 kilo. Urne comprise.

• Un homme téléphone à son beau-père :
– Allô ! Beau-papa ? Vous pouvez me passer belle-maman ?
– Qu'est-ce que tu racontes ? Tu sais bien qu'elle est décédée hier !
– Pardon, j'avais oublié…
Dix minutes plus tard, l'homme rappelle :
- Allô ! Beau-papa ? Vous pouvez me passer belle-maman ?
- Mais voyons !? Elle est morte hier !
– Pardon, j'avais oublié…
Dix minutes plus tard, l'homme rappelle :
– Allô ! Beau-papa ? Vous pouvez me passer belle-maman ?
– Mais ça va pas ou quoi !? Elle est morte ! Morte !
– Pardon, pardon…
Dix minutes plus tard…
– Allô ! Beau-papa ? Vous pouvez me passer belle-maman ?
– Arrête un peu, maintenant ! Je te dis qu'elle est morte ! T'as pas compris ou quoi ?
– Si, mais je ne me lasse pas d'entendre la nouvelle !

• Où trouve-t-on les plus adorables des belles-mères ?
Au cimetière.

• Que faire si votre belle-mère s'enfonce un parapluie dans le cul ?
N'oubliez pas de l'ouvrir avant de le retirer.

• **Un homme dit à sa belle-mère :**
– Regardez, belle-maman ! Il y a une biche dans votre jardin !
– Mais non ! C'est une truie !
– Ah bon ? Vous en êtes certaine ? Vous avez regardé par la fenêtre ou bien dans le miroir ?

• **Le téléphone sonne, le mari prend l'appel.** Après qu'il a raccroché, sa femme lui demande :
– Alors ? C'était l'hôpital ? Tu as des nouvelles de maman !
– Oui, j'ai une mauvaise nouvelle…
– Mon Dieu ! Maman n'a pas supporté l'opération !
– Elle est sauvée, elle va revenir vivre avec nous…

• **Une femme appelle son mari :**
– Chéri ! Viens vite ! Maman ne se sent pas bien !
– Alors qu'elle se fasse sentir par quelqu'un d'autre !

• **Quel avantage y a-t-il à épouser sa sœur ?**
On n'a pas de belle-mère…

25 idées pour emmerder ses collègues !

1. Lorsque votre collègue… « clic-clic » essaye de… « clic »… se concentrer… « clic-clic », quoi de plus « clic »… énervant… « clic-clic »… que de « clic »… faire des cliquetis avec son stylo ?

2. Vous souffrez d'un dérangement intestinal, vous redoutez une gastro ? C'est le moment de partager votre malheur avec votre collègue ! Offrez-lui un café en ayant préalablement passé un coup de langue tout autour du gobelet…

3. Achetez puis relâchez une petite souris dans un bureau ou dans le tiroir d'un collègue… Panique assurée ! Ça marche aussi avec les gros rats…

4. Demandez un stylo à un collègue, grattez-vous le fond de l'oreille avec et rendez-le-lui aussitôt !

5. Pour vos collègues accros à la caféine et qui sans leur petit café matinal sont énervés pour le restant de la journée, insérez un chewing-gum ou une allumette dans la fente à monnaie du distributeur de café !

6. Quel bonheur ! Aujourd'hui à la cantine, il y a du camembert ! Prenez-en un morceau et enveloppez-le précieusement dans votre serviette en papier. À votre retour au travail, coincez le fromage derrière le radiateur électrique du bureau de votre collègue… Puanteur assurée !

7. Histoire de mettre un peu d'ambiance dans la vie de couple de votre collègue, aspergez copieusement ses vêtements d'un parfum féminin !

8. Achetez des bonbons pimentés chez un vendeur de farces et attrapes, puis mettez-les dans une coupelle à la disposition des gourmands…

9. Échangez les tiroirs de bureau de vos collègues de manière à ce que chacun se retrouve avec celui d'un autre.

10. Votre collègue est débordé ? Voilà un truc qui devrait lui faire gagner du temps… ou pas. Au choix : réglez la vitesse de la souris de son ordinateur au maximum, elle sera incontrôlable ; ou bien optez pour la vitesse minimale qui devrait le rendre complètement fou !

11. Que ce soit fort ou entre vos dents, sifflotez en permanence ! Pas un air en particulier, juste n'importe quoi. Cela devrait rapidement taper sur le système nerveux de vos collègues.

12. Si la date de vos vacances vous importe peu, posez toujours vos congés aux périodes désirées par votre collègue. Votre employeur devra alors instaurer un roulement avec lui si bien qu'une fois sur deux, vous l'aurez emmerdé pour ses vacances ! Et bien entendu, si vous n'avez pas d'enfants, ne posez vos congés que durant les périodes scolaires…

13. Profitez de l'absence de votre collègue pour modifier la signature automatique de ses mails en faisant précéder son nom d'une formule telle que « Gros bisous » ou bien « Plein de poutous-poutous ».

14. Votre collègue a besoin de quiétude pour se concentrer. Tapotez vos ongles ou un stylo sur votre bureau…

15. La paye vient de tomber ! Profitez-en pour lancer à votre collègue : « J'ai eu une prime de salaire ! Toi aussi ? »

16. Lors d'une collecte pour un pot de départ, une naissance, un mariage, ne donnez qu'un euro symbolique. Vous aurez donné beaucoup moins que les autres et vous serez remercié autant qu'eux !

17. Rédigez et envoyez à un de vos collègues une lettre de convocation à un entretien préalable de licenciement !

18. Profitez d'une absence de votre collègue pour enrubanner tout son bureau avec du Scotch et du papier toilette ! Son ordinateur, chaque objet, chaque crayon, son siège, son bureau, recouvrez tout de papier toilette et de Scotch !

19. Chaque fois que vous quittez le bureau d'un collègue, éteignez-lui la lumière !

20. Émiettez des chips sur le fauteuil de votre collègue et le clavier de son ordinateur…

21. Pour rompre le silence qui règne dans le bureau que vous partagez avec votre collègue, raclez-vous bruyamment la gorge à intervalles réguliers.

22. Lorsque vos collègues sont en vacances, téléphonez-leur pour leur parler du boulot. Feignez d'avoir toujours quelque chose à leur demander de manière à leur pourrir leurs congés !

23. Laissez un message téléphonique à votre collègue en lui demandant de bien vouloir rappeler M. Lelion et ajoutez le numéro de téléphone d'un zoo…

24. L'hiver, quand vos collègues partent déjeuner, ouvrez grand la fenêtre de leurs bureaux !

25. Pour inquiéter votre collègue, dites-lui sur un ton confidentiel : « Normalement, je ne devrais pas te le dire mais… la direction du personnel m'a convoqué, ils m'ont posé plein de questions sur toi ! T'as fait une connerie ou quoi ? »

Animaux en folie

• **Un type entre dans un café en compagnie d'une autruche.** Il s'installe au bar et commande au barman :
– Un café-crème ! Et un Orangina pour l'autruche…
Le barman est surpris par la présence de l'autruche, mais il les sert comme si de rien n'était.
– 6,40 euros, s'il vous plaît.
Le client plonge la main dans sa poche et pose 6,40 euros sur le comptoir.
– C'est parfait, le compte est juste ! dit le barman en encaissant.
Le client termine son café-crème, puis demande :
– Vous pourriez nous servir deux sandwichs ? Un pâté et un jambon beurre, s'il vous plaît.
Le barman prépare les sandwichs, puis annonce au client :
– Ça vous fera 7,50 euros, s'il vous plaît.
L'homme plonge sa main dans la poche et en ressort 7,50 euros qu'il pose sur le comptoir.
– Le compte est encore bon ! dit le barman. Mais comment faites-vous pour toujours sortir de votre poche la somme exacte ?
– C'est une longue histoire ! répond l'homme. Un jour, alors que je nettoyais mon grenier, j'ai trouvé une vieille lampe à huile toute cabossée. Avant de la jeter, j'ai voulu vérifier si elle était en cuivre, alors je l'ai frottée et… un génie m'est apparu !
– Sans blague !
– Oui. Il m'a demandé de faire deux vœux pour me remercier de l'avoir délivré. J'ai bien réfléchi et je lui ai dit : « Je voudrais, à chaque fois que je dois payer quelque chose, pouvoir plonger ma main dans la poche et en ressortir la somme exacte ! » Et voilà…
– Vous avez été intelligent ! N'importe qui aurait dit, je veux 1 million, 10 millions ou 20 millions d'euros, mais vous, vous pouvez acheter ce que vous voulez, et à vie !
– Oui, c'est exact. Je peux tout m'offrir.
– Pardonnez-moi mais… c'est quoi cette autruche qui vous accompagne ?
– L'autruche ? Eh bien, après le premier vœu, j'ai fait le second… J'ai demandé au génie : « Je voudrais passer le reste

de ma vie en compagnie d'une belle poule avec de longues jambes ! » Et voilà...

• Quel est le plus heureux des animaux ?
Le homard, car même mort, il se fait sucer la queue.

• Aux États-Unis, à l'entrée d'un parc naturel, un panneau prévient les visiteurs :
« De nombreux visiteurs ont été victimes des attaque de grizzlis. Nous vous recommandons donc une extrême prudence et vous préconisons de bien suivre les précautions suivantes avant de vous aventurer dans le parc :

1. Accrochez des petites clochettes à vos vêtements. Leurs tintements feront fuir les grizzlis.
2. Gardez à portée de main une boîte de poivre. En cas d'attaque, servez-vous-en pour repousser le grizzli.
3. Apprenez à différencier les crottes d'ours noirs de celles du grizzli. Celles de l'ours noir sont petites, contiennent des baies et de la fourrure d'écureuil. Celles des grizzlis sont plus grosses, contiennent des petites clochettes et sentent fort le poivre. »

• Pourquoi les éléphants aiment-ils poser leur trompe sur le dos des chameaux ?
Pour faire une branlette espagnole !

• Une mouche se pose sur le dos d'une vache pour la piquer.
Énervée, la vache lui flanque un grand coup de queue pour qu'elle dégage. Mais la mouche obstinée fait deux-trois tours avant de se reposer sur le dos de la vache. Cette dernière la balaie une nouvelle fois de la queue. La mouche s'envole et se pose cette fois-ci sur le museau de la vache qui, d'un coup de langue, tue la mouche.
Moralité : il faut faire avec la langue ce que l'on ne parvient pas à faire avec la queue.

• Pourquoi les éléphants se déplacent-ils en troupeau compact?
Parce que c'est celui du milieu qui a la radio…
Et pourquoi les rhinocéros se déplacent-ils en troupeau compact?
Pour faire croire aux éléphants qu'eux aussi ont la radio…

• Un matin, un lapin va voir trois jeunes renards et leur lance:
– Hé! Je vais baiser votre mère!
Choqués, les renardeaux courent le raconter à leur mère…
– Maman! Maman! Y'a un lapin qui a dit qu'il allait te baiser!
– Oh! Ne l'écoutez pas, il raconte n'importe quoi!
Le lendemain, alors que les petits renards s'amusent dans le bois, le lapin se présente face à eux et crie:
– Je vais baiser votre mère!
Aussitôt, les renards reviennent à leur terrier tout dire à leur mère. Et tous les jours, le lapin prend l'habitude d'aller importuner les renardeaux en leur disant qu'il va baiser leur mère. Excédée, la maman renard décide de surveiller à distance ses petits pendant qu'ils jouent, tout en guettant l'arrivée du lapin… Et ce dernier ne se fait pas attendre! À peine a-t-il pointé son nez qu'il hurle à l'intention des renards: « Je vais baiser votre mère! » La maman renard bondit de derrière un fourré et se met en chasse du lapin. Celui-ci détale et, poursuivi par la renarde en furie, se réfugie dans son terrier. La maman renard tente de l'y suivre, mais le terrier étant trop petit, elle se retrouve coincée, ne pouvant plus ni avancer ni reculer. Le lapin ressort du terrier par une autre issue, puis y repasse par l'entrée principale. Il se positionne derrière la renarde coincée et lui dit:
– Bon. Je n'en ai pas très envie mais… j'ai promis aux gosses!

• Quand est-il recommandé de mettre un sparadrap autour des hamsters?
Lorsqu'on les encule, pour éviter qu'ils explosent!

Comment sait-on si un hamster est sauvage ou domestique ?
Grâce au sparadrap.
Pourquoi ne met-on pas de sparadrap aux femmes ?
Parce que les porte-jarretelles, c'est plus joli.
Quelle différence y a-t-il entre un hamster et une tortue ?
Il n'est pas nécessaire de mettre du sparadrap à une tortue.

• **Pourquoi les enfants kangourous ne sont-ils pas inquiets lorsqu'ils passent des examens ?**
Parce que c'est dans la poche !

• **Une maman lapin dit au papa lapin :**
– Notre fils est grand, maintenant ! Il est grand temps qu'il fasse l'amour. Autrement, il risque de se taper ses sœurs ! Tu ne voudrais pas de consanguins dans la famille, non ?
– Oui, tu as raison, je vais l'amener au bordel ! lui répond papa lapin.
Juste avant de pénétrer dans la maison close, papa lapin fait ses dernières recommandations à son fiston :
– Chaque fois que tu vois une dame lapin, tu n'oublies pas d'être poli, de bien dire : « Bonjour madame », puis « merci madame » et enfin « au revoir madame » ! Tu as bien compris ?
– Oui, papa.
Et le jeune lapin commence sa tournée…
– Bonjour madame, merci madame, au revoir madame… Bonjour madame, merci madame, au revoir madame… Bonjour madame, merci madame, au revoir madame… Bonjour madame, merci madame, au revoir madame… Bonjour madame, merci madame, au revoir madame… Bonjour papa, merci papa, oups ! Pardon papa…

• **Quelle différence y a-t-il entre un husky et un chihuahua ?**
Le husky est un chien de traîneau et le chihuahua un chien de traînée !

• **On ne dit pas :** « Un homme qui entre dans un bar. »
Mais on dit… « Un zoophile » !

• **Maître corbeau, sur un arbre perché, passait ses journées à bayer aux corneilles.** S'en vint un lapin qui lui dit :
– Maître corbeau, me crois-tu moi aussi capable de passer mes journées à ne rien faire ?
– Bien entendu ! lui répond maître corbeau, il te suffit de t'asseoir par terre !
Quelques instants plus tard, arrive un renard qui se fait une joie de croquer l'oisive proie…
Moralité : pour ne rien foutre, mieux vaut être haut placé.

• **Une petite souris à sa maman :**
– Si on avait de la chance, on pourrait vivre plus longtemps.
– Ce n'est pas une question de chance, c'est une question de chatte…

• **Quelle différence y a-t-il entre un taureau et un roi ?**
Aucune, ils pénètrent dans l'arène…

• **Qu'est-ce qu'un petit panda ?**
Un panda court.
Et qu'est-ce qu'un grand panda ?
Un panda long.

• **Un Américain et sa femme blonde font un safari en Afrique.** L'homme souhaite tuer un éléphant et ramener ses pattes en trophée. Après avoir payé les gardes, il s'aventure avec sa femme dans la réserve. Il confie à sa blonde un fusil :
– C'est un fusil à éléphant, fais bien attention ! Tu ne t'en sers que si j'ai un problème !
– Oui, chéri !
Soudain, un lion en embuscade derrière un fourré bondit et court droit sur le chasseur ! Ce dernier prend ses jambes à son

cou et, au moment où le lion allait le rejoindre, parvient in extremis à grimper dans un arbre. Déçu, le lion abandonne et s'éloigne… L'homme descend alors de l'arbre et engueule sa femme :
– Je t'avais confié un fusil en cas de danger ! Tu ne pouvais pas tirer sur le lion, non ?
– Bah non ! Tu m'as dit que c'était un fusil à éléphant ?

• **Un cafard regarde la publicité d'un insecticide à la télévision.** Sa mère arrive sur ces entrefaites et se fâche :
– Je t'ai déjà dit de ne pas regarder de films d'horreur !

• **Une vache à une autre vache :**
– Dis donc toi, t'as de gros pis, tu sais ?
– De quoi j'mamelle !

• **Dans un zoo écossais, une femelle rhinocéros dit à son mâle :**
– Chéri, votre cornemuse…

• **Un type qui déteste les chats décide de parcourir 100 kilomètres en voiture pour abandonner le sien.** Mais lorsqu'il revient à la maison, le chat est déjà revenu ! Fou de rage, il attrape la bête, la jette dans le coffre de la voiture et démarre en trombe. Il parcourt 30 kilomètres vers l'ouest, puis 20 vers le sud, puis 60 vers l'est et enfin 10 vers le nord, le tout en n'empruntant que des petites routes et des chemins de campagne. Lorsqu'il estime avoir suffisamment désorienté le chat, il le sort du coffre et l'abandonne. Sur le chemin du retour, l'homme s'arrête pour téléphoner à sa femme :
– Chérie, est-ce que le chat est là ?
– Oui, pourquoi ?
– Passe-le-moi, je suis perdu !

• **Un lion, un singe et une girafe aperçoivent un palmier avec des noix de coco.** Lequel parviendra à attraper la noix de coco en premier ?
Les palmiers n'ont pas de noix de coco…

• **Quand les poules ont-elles mal au cul ?**
Quand elles passent du coq à l'âne !

• **Quel est l'animal le plus raciste ?**
Le panda, car il n'arrête pas de dire : « Y'a des bambous là ! »

• **Deux non-voyants accompagnés de leurs chiens guides décident d'aller au restaurant.** L'un d'eux pénètre en premier dans l'établissement avec son gros berger allemand mais se fait rejeter par un serveur :
– Je suis désolé, monsieur, mais vous ne pouvez pas entrer avec votre gros chien dans ce restaurant. Par contre, si votre ami le désire, lui peut entrer.
– Et pourquoi lui et pas moi ?
– Parce que vous avez un labrador et lui un chihuahua.
– Un chihuahua ! s'écrie le copain, c'est ce qu'ils m'ont donné ?

• **Une femme se rend dans une animalerie et s'adresse discrètement au vendeur :**
– Une amie à moi m'a confié que vous vendiez des animaux qui font l'amour… Est-ce exact ?
– Oui ! En ce moment, j'ai une grenouille de disponible. Elle vous intéresse ?
– Une grenouille qui fait l'amour ?
– Oui, elle vous lèche le sexe, puis vous pénètre.
La femme se décide à acheter la grenouille. À peine rentrée à la maison, elle se déshabille et pose la bête sur son bas-ventre. Mais la grenouille ne bouge pas…
– Alors ! tu te décides ? lui dit-elle.
– Coooooa !!!!

Furieuse de s'être fait arnaquer, la femme repart chez l'animalier avec sa grenouille…
– Vous vous êtes bien foutu de moi ! dit-elle au vendeur.
– Comment ça ?
– Elle refuse de faire l'amour !
– Ah bon ?
L'homme baisse alors son pantalon et dit à la grenouille :
– Regarde bien comment je fais avec la dame, c'est la dernière fois que je te montre !

• **Avec quoi les souris se maquillent-elles ?**
Avec du masque à rat.

• **Quel est le plus vieil animal encore vivant ?**
Le zèbre, parce qu'il est en noir et blanc !

• **En traversant la route, un lièvre se fait shooter par une voiture qui le projette à une vingtaine de mètres, entre les pattes d'un taureau…** Ce dernier se moque :
– Eh bien ! Avec les oreilles que tu as, tu n'as pas entendu la voiture arriver ?
– Et toi ? Avec la paire de couilles que tu as, comment se fait-il que tu aies des cornes ?

• **Comment fait-on entrer 4 éléphants dans une 2 CV ?**
On en met 2 devant et 2 derrière.
Comment fait-on entrer 4 hippopotames dans une 2 CV ?
On ne peut pas, il y a déjà 4 éléphants dedans.
Comment sait-on que 4 éléphants sont dans un bar ?
La 2 CV est garée devant.

• **Deux Corses marchent dans la montagne depuis plusieurs heures…**
– J'ai trop faim ! On fait une pause ? propose l'un d'eux.
– Mais on n'a rien pris à manger !

– Bah… On n'a qu'à faire griller les escargots qui nous suivent depuis deux heures !

• **Comment s'appelle la maman phoque ?**
Mother fucker !

• **Que dit un poisson dans l'eau froide ?**
Je m'écaille !

• **Jean-Marie Le Pen amène sa fille Marine au zoo.** Devant la cage des singes, Marine demande à son père :
– Pourquoi on ne mange pas les singes ?
– Ben… Il y a des animaux que l'on mange et d'autres non. Et puis le singe, c'est un peu l'ancêtre de l'homme, tu vois ?
– Ah oui ! Alors c'est pour ça que les Arabes ne mangent pas de cochon ?

• **Qu'est-ce qu'un ours blanc au pôle Sud ?**
Un ours bipolaire.

• **Que fait un cheval au supermarché ?**
Il fait les courses !

• **Comment appelle-t-on un chat avec un casque sur la tête ?**
Un chapeur-pompier.

• **Comment appelle-t-on les petits d'une oie ?**
Les noisettes.

• **Un enfant arrive à l'école avec son petit chat.** La directrice interpelle le petit garçon :
– Mais ? Qu'est-ce que tu fais avec ce chat ! Tu sais qu'il est formellement interdit d'amener des animaux à l'école ?
– Oui madame, mais c'est pour lui sauver la vie !
– C'est un chat abandonné ?

– Non, c'est le mien. Mais hier soir, y'a un monsieur qu'est venu à la maison voir maman et j'ai tout entendu de ce qu'il lui disait !
– Et qu'est-ce qu'il a dit ? interroge la directrice.
– Il a dit : « Demain, quand ton môme sera parti à l'école, je viendrai te bouffer la chatte ! »

• **Pourquoi les lapins risquent-ils de vous sauter au cou ?**
Parce qu'ils attaquent toujours à la carotide !

• **Que dit une baleine lorsqu'elle voit un sous-marin ?**
Oh non, pas de suppositoire !

• **Pourquoi les coqs n'ont-ils pas de mains ?**
Parce que les poules n'ont pas de seins !

Hommes et femmes en blanc

• **Une femme se rend chez un psychiatre…**
– Docteur, je suis trop laide…
– Mais non, mais non…
– Mais si ! La preuve : quand j'épluche des oignons, c'est eux qui pleurent !

• **Un type se rend chez un chirurgien et lui expose son problème…**
– Docteur, j'ai un tout petit pénis et je ne parviens pas à contenter sexuellement ma petite copine. Est-il possible de l'agrandir ?
Le docteur examine son patient et lui annonce :
– Il n'y a malheureusement pas grand-chose à faire. La seule solution serait de vous greffer un bout de trompe d'éléphanteau…
– Ah quand même pas ! Je ne suis pas désespéré à ce point.
L'homme repart ainsi, mais un mois plus tard il revient voir le chirurgien…
– Docteur, ma petite amie m'a quitté. Greffez-moi un bout de trompe d'éléphanteau que je puisse la reconquérir !
Quelque temps après l'opération, le greffé donne rendez-vous à son ex dans un bar pour prendre l'apéritif. Alors qu'ils discutent autour d'un verre, le sexe de l'homme s'extirpe de son pantalon et plonge dans le bol de cacahuètes pour s'en prendre une, puis retourne dans le pantalon…
– Quoi ! hurle la fille. Dis-moi que je rêve ?
– Non, dit le gars très fier, tu ne rêves pas.
Le sexe ressort alors du pantalon, replonge dans le bol de cacahuètes et revient aussitôt dans le pantalon.
– J'y crois pas ! dit la fille. Tu peux me remontrer ça encore une fois ?
– Ben… fait l'homme. Je ne sais pas si je vais supporter une troisième cacahuète dans le cul !

• Un homme qui souffre d'atroces douleurs aux jambes va voir un chirurgien…

– Docteur, je ne peux plus vivre avec ces douleurs aux jambes. Je vous en supplie… Coupez ! Faites que je ne puisse plus sentir mes jambes !

Peu de temps après, l'homme se fait opérer. En salle de réveil, il se met soudainement à hurler :

– Aaaaaah !!!!! Aaaaah !!!!!

Le chirurgien arrive en courant.

– Que se passe-t-il ! Qu'avez-vous ?

– Docteur ! Où sont mes bras !

– Ben… Je les ai coupés ! Comme ça, vous ne sentirez plus vos jambes !

• Une femme qui souffre d'Alzheimer se rend chez son médecin qui souhaite lui annoncer la mauvaise nouvelle avec beaucoup de tact :

– Alors docteur ! Qu'est-ce que j'ai ?

– Vous connaissez la différence entre vous et mon ordinateur ?

– Non…

– Eh bien, mon ordinateur, il ne perd pas la mémoire !

• Où doit-on cacher un document qu'on ne souhaite pas que le chirurgien voie ?

Dans le dossier du patient !

• Une femme se rend chez son médecin et lui fait part de son inquiétude :

– Docteur, quand je pète, ça ne sent plus rien ! Est-ce un cancer ?

– Rien à voir avec le cancer ! Pouvez-vous péter que je puisse en juger ?

La femme lâche alors un énorme pet. Le docteur suffoque, court ouvrir la fenêtre et, tout en prenant un grand bol d'air, dit à sa patiente :

– Faut aller consulter un ORL !

• **Une femme demande au pharmacien :**
– Je voudrais de l'arsenic, s'il vous plaît !
– De l'arsenic ! Et pour quoi faire ?
– C'est pour tuer mon mari et sa maîtresse !
– Mais madame, je ne peux pas vous aider à commettre un meurtre !
La femme sort alors une photo de son mari en train de faire l'amour à la femme du pharmacien… Ce dernier regarde la photo et dit :
– Mais comme je vois que vous avez une ordonnance…

• **Un grand cardiologue se rend chez son garagiste pour récupérer sa grosse moto.** Avant de la lui rendre, le garagiste lui dit :
– Votre moto a eu droit à une véritable opération à cœur ouvert ! J'ai retiré les valves, remplacé toutes les pièces usées, tout nettoyé et tout remonté ! Vous verrez, elle est comme neuve ! Mais franchement… Comment expliquez-vous que vous soyez riche et que j'aie un salaire de misère, alors que, avouez-le, nous faisons tous les deux un peu la même chose, non ?
– Eh bien, fait le chirurgien, essayez de faire tout cela pendant que la machine est en marche !

• **Deux femmes parlent de leur gynéco respectif :**
– Le mien est jeune, beau… Je ne comprends toujours pas pourquoi tu t'obstines à aller voir ton vieux gynécologue !
– Parce qu'il a les mains qui tremblent…

• **Comment reconnaît-on un anesthésiste ?**
C'est le gars mal réveillé à côté du type mal endormi…

• **Un chirurgien s'adresse à une blonde qu'il s'apprête à opérer :**
– Donneriez-vous votre corps à la science ?
– Ah non ! Jamais le premier soir…

COMBIEN MESUREZ-VOUS ?
1 MÈTRE 65, DOCTEUR.
IDÉALEMENT VOUS DEVRIEZ PESER ENVIRON 55 KILOS IL FAUT ENLEVER ENVIRON 10 PAR RAPPORT À VOTRE TAILLE.
MONTEZ SUR LA BALANCE,,, S'IL VOUS PLAÎT...
DON
DON
HUM !
BEN... FAUT ENCORE QUE JE GRANDISSE...
... IL ME MANQUE 30 CENTIMÈTRES !
CHALVIN.

• **Une femme laide, moche et méchante se rend chez son gynécologue accompagnée de ses deux enfants.** Le docteur lui demande :

– Vous pourriez laisser les enfants dans la salle d'attente, s'il vous plaît ?
– Ben pourquoi ?
– Il est préférable qu'ils n'assistent pas à l'examen…
– Qu'est-ce que ça peut vous faire !
– Ce sont vos enfants ? demande le gynécologue.
– Ça se voit pas ? Vous êtes con ou aveugle ?
– Ni l'un ni l'autre… Je n'arrive tout simplement pas à comprendre comment on a pu vous sauter deux fois !

• **Une femme qui souffre de perte de mémoire et de diarrhée se rend chez son docteur pour qu'il lui communique les résultats de ses examens…**

– Alors docteur ! Qu'est-ce que j'ai ?
– J'ai une bonne et une mauvaise nouvelle à vous annoncer…
– Commencez par la mauvaise, s'il vous plaît.
– La mauvaise, c'est que vous souffrez d'Alzheimer…
– Oh non ! Et la bonne ?
– La bonne, c'est que vous avez aussi un cancer du côlon et qu'avec ces diarrhées, si vous vous perdez, on pourra toujours vous retrouver en vous suivant à la trace !

• **Un homme se confie à son psy :**

– Ma femme a un comportement de plus en plus enfantin…
– Qu'est-ce qui vous fait dire ça ?
– Figurez-vous qu'elle s'est acheté un pistolet à eau ! Une vraie gamine, je vous jure !
– Et que fait-elle avec ce pistolet à eau ?
– Eh bien, pendant que je prends mon bain, elle s'amuse à tirer sur mon petit canard jaune en plastique !

• **Deux vétérinaires qui ont fait leurs études ensemble se retrouvent lors d'un séminaire.**
– Alors, que deviens-tu ? Tu vis toujours dans ton appartement ?
– Oui, toujours en appartement. J'ai toujours mon chien, tu te rappelles de lui ?
– Le labrador ?
– Oui ! Il est toujours en pleine forme ! On ne se quitte pas ! Il me réveille le matin, on déjeune ensemble, on se promène ensemble, on regarde la télévision ensemble et il dort au pied de mon lit !
– Et toi… Tu ne t'es toujours pas marié ?
– T'es fou ? Une femme en appartement !

• **Un homme pleure toutes les larmes de son corps.** Son ami tente de le réconforter :
– Allez ! Ce n'est rien ! Un jour ou l'autre, tous les docteurs finissent par coucher avec l'une de leurs patientes !
– Peut-être, mais… dois-je te rappeler que je suis vétérinaire ?

• **Au comptoir d'un bar, un type se plaint de son travail…**
– Ras-le-bol de ce boulot ! J'en ai franchement marre, faut que je change de job !
– Qu'est-ce que vous faites ? lui demande son voisin de comptoir.
– Je livre des pizzas toute la journée. Le pire c'est de les voir, de les sentir et de ne jamais pouvoir les bouffer !
– J'ai exactement le même problème !
– Vous êtes livreur de pizzas ?
– Non, gynécologue.

• **Un homme et une femme qui viennent de se rencontrer font l'amour.** Après avoir terminé, l'homme dit à la femme :
– Tu es infirmière ?
– Oui, comment as-tu deviné ?
– Parce que tu te laves les mains avant et après l'acte !

– Ah oui… et toi, tu ne serais pas anesthésiste ?
– Si ! Comment as-tu deviné ?
– Parce que je n'ai rien senti !

• **Un homme se rend chez son médecin.**
– Malheureusement, cher monsieur, il ne vous reste pas longtemps à vivre. Il faut dire que vous n'avez jamais mené une vie saine…
– C'est vrai… Et si j'arrête l'alcool, la cigarette, le jeu et les femmes ? Est-ce que je vivrai plus longtemps ?
– Non. Mais la vie vous semblera plus longue !

• **Quel point commun y a-t-il entre un médecin légiste et un proctologue ?**
Ils s'intéressent aux trous de balle.

• **Quel est le comble pour un vétérinaire ?**
C'est d'avoir une fièvre de cheval.

• **Une femme se rend chez le médecin en se plaignant d'avoir de l'eau dans les seins.** Le docteur l'ausculte et lui palpe la poitrine.
– Je vous assure, madame, que vous n'avez pas de liquide dans la poitrine. Pour plus de sécurité, vous pouvez consulter votre gynécologue. En attendant, je peux ordonner une échographie si cela peut vous rassurer…
– Je vous assure docteur que j'ai de l'eau dans les seins !
Le docteur palpe encore soigneusement la poitrine…
– Madame, vous n'avez rien du tout !
– Alors comment expliquez-vous que ma culotte soit mouillée ?

• **Quel est le comble pour un gynécologue ?**
C'est d'être le seul à travailler là où les autres s'amusent.

• **Un photographe fait la photo d'un groupe de médecins spécialistes en séminaire.**
– Serrez-vous un peu ! Très bien. Maintenant, tout le monde me regarde et dit : « Honoraires ! »

• **Un homme est hospitalisé dans un état grave.** Le docteur vient lui annoncer le résultat de ses examens.
– C'est grave, docteur ?
– Vous avez le sida, la syphilis et la peste !
– Que pouvez-vous faire ?
– Je vais vous prescrire un régime alimentaire spécial : crêpes, tranches de jambon, fines pizzas…
– Ça peut me sauver ?
– Non, mais c'est facile à glisser sous la porte…

Monsieur et madame ont un fils

• **M.** et Mme **Alafrèze** ont un fils.
Comment l'appellent-ils ?
Douglas
(Deux glaces à la fraise)

• **M.** et Mme **Amartuldi** ont un fils.
Comment l'appellent-ils ?
Quentin
(Quand t'en as marre, tu le dis)

• **M.** et Mme **Anatadikoi** ont un fils.
Comment l'appellent-ils ?
Hassan
(À sa nana t'as dit quoi ?)

• **M.** et Mme **Arofré** ont un fils.
Comment l'appellent-ils ?
Melrick
(Mets le Ricard au frais)

• **M.** et Mme **Assin** ont un fils.
Comment l'appellent-ils ?
Marc
(Marcassin)

• **M.** et Mme **Atepouri** ont un fils.
Comment l'appellent-ils ?
Pat
(Patate pourrie !)

• **M.** et Mme **Atéral** ont un fils.
Comment l'appellent-ils ?
Bill
(Bilatéral)

• **M.** et Mme **Atouvan** ont un fils.
Comment l'appellent-ils ?
Anselme
(On sème à tout vent)

• **M.** et Mme **Atrovitute-Plante** ont un fils.
Comment l'appellent-ils ?
Steve
(Si tu vas trop vite, tu te plantes)

• **M.** et Mme **Babahailé-Karantekoi** ont un fils.
Comment l'appellent-ils ?
Ali
(Ali Baba et les quarante quoi ?)

• **M.** et Mme **Baise** ont un fils.
Comment l'appellent-ils ?
Théo
(T'es obèse)

• **M.** et Mme **Balécouille** ont un fils.
Comment l'appellent-ils ?
Isan
(Il s'en bat les couilles)

• **M.** et Mme **Banais** ont un fils.
Comment l'appellent-ils ?
Charlie
(Chars libanais)

• **M.** et Mme **Bar** ont un fils.
Comment l'appellent-ils ?
Laurent
(L'or en barre)

• **M.** et Mme **Bistroducoin** ont un fils.
Comment l'appellent-ils ?
Alonzo
(Allons au bistrot du coin !)

• **M.** et Mme **Bistrucla** ont un fils.
Comment l'appellent-ils ?
César
(C'est zarbi ce truc-là !)

• **M.** et Mme **Bola** ont un fils.
Comment l'appellent-ils ?
Tom
(Tombola)

• **M.** et Mme **Brico** ont un fils.
Comment l'appellent-ils ?
Judas
(Jus d'abricot)

• **M.** et Mme **Choncémieukun** ont un fils.
Comment l'appellent-ils ?
Denis
(Deux nichons, c'est mieux qu'un)

• **M.** et Mme **Closaide** ont un fils.
Comment l'appellent-ils ?
Walter
(Water closed)

• **M.** et Mme **Cochoneripartou** ont un fils.
Comment l'appellent-ils ?
Amédée
(Elle met des cochonneries partout !)

• **M.** et Mme **Couran** ont un fils.
Comment l'appellent-ils ?
Théo
(T'es au courant ?)

• **M.** et Mme **Danlta** ont un fils.
Comment l'appellent-ils ?
Alphonse
(Elle fonce dans le tas)

• **M.** et Mme **De Biérofrai** ont un fils.
Comment l'appellent-ils ?
Jérémie
(J'ai remis deux bières au frais)

• **M.** et Mme **De Foyparmoi** ont un fils.
Comment l'appellent-ils ?
Yannick
(Je nique deux fois par mois)

• **M.** et Mme **De Vourancontray** ont un fils.
Comment l'appellent-ils ?
Honoré
(Honoré de vous rencontrer)

• **M.** et Mme **Deucomerce** ont un fils.
Comment l'appellent-ils ?
Régis
(Registre de commerce)

• **M.** et Mme **Deujour** ont un fils.
Comment l'appellent-ils ?
Adam
(À dans deux jours !)

• **M.** et Mme **Dipleu** ont un fils.
Comment l'appellent-ils ?
Homère
(Oh merde, il pleut !)

• **M.** et Mme **Dissoir** ont un fils.
Comment l'appellent-ils ?
Alain
(À lundi soir !)

• **M.** et Mme **Dontoilaba** ont un fils.
Comment l'appellent-ils ?
Eddy
(Eh dis donc, toi là-bas !)

• **M.** et Mme **Douitche-Jéfin** ont un fils.
Comment l'appellent-ils ?
Vincent
(Vingt sandwichs, j'ai faim)

• **M.** et Mme **Draissamaire** ont un fils.
Comment l'appellent-ils ?
Yvan
(Il vendrait sa mère)

• **M.** et Mme **Ellecon** ont un fils.
Comment l'appellent-ils ?
Jeff
(J'ai fait le con)

• **M.** et Mme **Fissafère-Cédevoir** ont un fils.
Comment l'appellent-ils ?
Edmond
(Aide mon fils à faire ses devoirs)

• **M.** et Mme **Golpa** ont un fils.
Comment l'appellent-ils ?
Jerry
(Je rigole pas)

• **M.** et Mme **Groidan-Macave** ont un fils.
Comment l'appellent-ils ?
Gédéon
(J'ai des Hongrois dans ma cave)

• **M.** et Mme **Hainerve** ont un fils.
Comment l'appellent-ils ?
Hakim
(Ah, qu'il m'énerve !)

• **M.** et Mme **Hanveutoul-Mondanveu** ont un fils.
Comment l'appellent-ils ?
Quentin
(Quand un en veut, tout le monde en veut !)

• **M.** et Mme **Haure de Maguitar** ont un fils.
Comment l'appellent-ils ?
Jacques
(J'accorde ma guitare)

• **M.** et Mme **Hégé** ont un fils.
Comment l'appellent-ils ?
Yves
(I.V.G.)

• **M.** et Mme **Kuaslevé** ont un fils.
Comment l'appellent-ils ?
Edmond
(Aide mon cul à se lever)

• **M.** et Mme **Kusonaytoréleur** ont un fils.
Comment l'appellent-ils ?
Simon
(Si mon cul sonnait, t'aurais l'heure !)

• **M.** et Mme **Laindien** ont un fils.
Comment l'appellent-ils ?
Hugues
(Hugh ! L'Indien !)

• **M.** et Mme **Manvussa** ont un fils.
Comment l'appellent-ils ?
Gérard
(J'ai rarement vu ça)

• **M.** et Mme **Mudahicrin** ont un fils.
Comment l'appellent-ils ?
Albert
(Ah, le bermuda ! Y craint !)

• **M.** et Mme **Pasmoitonpul** ont un fils.
Comment l'appellent-ils ?
Jeffrey
(J'ai frais, passe-moi ton pull !)

• **M.** et Mme **Ricmansaipo-Cible** ont un fils.
Comment l'appellent-ils ?
Théo
(Théoriquement, c'est possible)

• **M.** et Mme **Sassion** ont un fils.
Comment l'appellent-ils ?
Luc
(Luxation)

• **M.** et Mme **Scott** ont un fils.
Comment l'appellent-ils ?
Adèle
(Adele Scott)

• **M.** et Mme **Slipcé-Plulmaime** ont un fils.
Comment l'appellent-ils ?
Samson
(Sans son slip, c'est plus le même)

• **M.** et Mme **Témameuf** ont un fils.
Comment l'appellent-ils ?
Jackie
(J'ai quitté ma meuf)

• **M.** et Mme **Treu de Lay** ont un fils.
Comment l'appellent-ils ?
Willy
(Huit litres de lait)

• **M.** et Mme **Truan** ont un fils.
Comment l'appellent-ils ?
Tony
(Tonitruant)

• **M.** et Mme **Unchien** ont un fils.
Comment l'appellent-ils ?
Malcom
(Mal comme un chien)

• **M.** et Mme **Chemonfisse** ont deux fils.
Comment les appellent-ils ?
Thibaut et Thierry
(T'es beau et t'es riche, mon fils !)

• **M.** et Mme **Devokoneri** ont deux fils.
Comment les appellent-ils ?
Jean, Aymard
(J'en ai marre de vos conneries)

• **M.** et Mme **Heupahune** ont deux fils.
Comment les appellent-ils ?
Jean, Loup
(J'en loupe pas une)

• **M.** et Mme **Hunpakdelai** ont deux fils.
Comment les appellent-ils ?
Jean, Tom
(J'entame un pack de lait)

• **M.** et Mme **Oukoa** ont deux fils.
Comment les appellent-ils ?
Ted et Bill
(T'es débile ou quoi ?)

Perles du sport

• **« Nous voulons baptiser notre fille, mais nous ne savons pas encore dans quelle religion… »**
David Beckham

• **« Ce sont des routes assez sinueuses, il y a beaucoup de lignes droites. »**
Bernard Thévenet

• **« Je suis très ému d'aller aux États-Unis, ce n'est pas tous les jours qu'on peut aller en Europe. »**
Franck Lobos

• **Henri Sannier :**
– Cioni fait des petits coucous au public, il est content d'être toujours là apparemment ?
Laurent Jalabert :
– Non, Henri, il appelle sa voiture pour boire…

• **« En compétition, il y a toujours un premier et un dernier.** Mais l'important est de ne pas être le second de soi-même. »
Luis Fernandez

• **« Et sur ces images quasiment inaudibles… »**
Hervé Mathoux

• **« Quand ça va pas très bien, ça va toujours pas très bien. »**
Michel Platini

• **« Les joueurs sont regroupés dans un carré de quarante mètres sur trente. »**
Guy Roux

• **« Puisqu'il y a deux Lee sur le terrain, on peut faire une chambre. »**
Thierry Roland

• **« Ils nous ont accumulés sur nos buts. »**
Loïc Amisse

• **« On a perdu parce qu'on n'a pas gagné. »**
Ronaldo

• **« Il faut qu'on tire tous dans le même bateau. »**
Patrice Évra

• **« Mais tu ne l'as pas manqué ce penalty, David, c'est la barre transversale qui l'a arrêté ! »**
Thierry Gilardi

• **« Je me suis senti voler des ailes ! »**
Teddy Riner

• **« Attention aux joueurs de la Serbie-Monténégro, parce que dans le jeu aérien, ils ne sont pas manchots ! »**
Thierry Roland

• **« C'est vous dire si cet homme-là sait de quoi il parle quand il parle avec ses pieds ! »**
Pierre Salviac

• **« J'ai peur que ça se termine en queue de boudin tout ça… »**
Emmanuel Petit

• **« Un petit extérieur du pied :** au tennis, on appelle ça un revers du pied. »
Christian Jeanpierre

• **« C'est le gâteau sur la cerise. »**
Bernard Mendy

• **« Ça rentre comme dans du gruyère ! »**
Christophe Dugarry

• **« C'est une réflexion qui doit beaucoup réfléchir. »**
Franck Ribéry

• **« Il ne faut pas brûler la peau de l'ours avant de l'avoir vendue. »**
Abdeslam Ouaddou

• **« Ça va donner une course allaitante. »**
Christophe Moreau

• **« L'arbitre est train de prendre son élan pour siffler tout à l'heure. »**
Charles Biétry

• **« Le coach m'a demandé de prendre les intervalles, euh…** pardon, les intervaux. »
Matt Moussilou

• **« Raymond Domenech…** le plus mauvais sélectionneur depuis Louis XVI. »
Éric Cantona

• **« J'espère que la routourne va vite tourner. »**
Franck Ribéry

• **« Quand un homme regarde trois matchs de football d'affilée, il devrait être déclaré légalement mort. »**
Erma Bombeck

• **« J'adore les avant-matchs.** Je sens toujours la naphtaline monter en moi. »
Mario Jardel

• **« C'est toute l'efficacité de la puissance du réalisme. »**
Charles Biétry

• **Thierry Roland :**
– Il va au pressing.
Jean-Michel Larqué :
– Ah bon, il a du linge à aller chercher ?

• **« Je dois beaucoup à mes parents, surtout à mon père et à ma mère. »**
Greg Norman

• **« Faut pas chercher de midi à l'an 40. »**
Jean Perron

• **« Quatre fois ils ont marqué zéro but ! »**
Charles Biétry

• **« Il va avoir cinq ou six arrêts décisifs à faire.** Je ne sais pas s'ils seront décisifs, ni si ce seront des arrêts d'ailleurs. »
Charles Biétry

• **« Notre position est envieuse.** Pourtant, il vaut mieux avoir les Grecs devant soi que derrière. »
Didier Deschamps

• **« J'adore l'Angleterre.** Entre autres parce que les Anglaises ont des gros seins. »
Emmanuel Petit

• **« Je ne joue pas contre une équipe en particulier.** Je joue pour me battre contre l'idée de perdre. »
Éric Cantona

• **« Ils choisissent de jouer le coup franc au pied! »**
Christian Jeanpierre

• **« Il fallait débloquer la situation et c'est ce qu'a fait Kaka. »**
Frank Lebœuf

• **« Il n'y a qu'une seule possibilité:** gagner, perdre ou faire match nul. »
Franz Beckenbauer

• **« Moi, je suis unanime là-dessus. »**
Jean Perron

• **« Si on veut toujours rester le même, il faut rester changé. »**
Robert Pires

• **« Comment on fait pour choisir cinq volontaires? »**
Thierry Gilardi

• **« On n'a pas réussi à entrer dans le match, et après, on n'a pas pu s'en sortir. »**
Pierre Mignoni

• **« Le vent souffle toujours dans le sens des aiguilles d'une montre. »**
Thierry Roland

Bien dégueu !

• **Un homme s'enfonce dans un bois en compagnie d'une prostituée.** Il se met à lui mordiller un sein lorsqu'il s'écrie soudainement :
– Hé ! Mais tu viens d'accoucher ? Tu as du lait qui sort du sein ! Pouah !
– Mais non, mon chéri ! Tu viens d'éclater mon furoncle !

• **Un terrible tremblement de terre ravage toute une ville.** Sous les décombres d'un immeuble, deux hommes sont encore miraculeusement en vie. À côté d'eux, un cadavre… Quatre jours plus tard, ils n'ont toujours pas été secourus. La soif et la faim deviennent terribles. L'un des deux hommes s'empare alors du canif qu'il avait dans sa poche et éventre le cadavre…
– Mais que fais-tu ! lui demande l'autre.
– J'ai trop faim, je regarde ce qu'il a dans l'estomac !
L'homme farfouille dans les entrailles du mort et en ressort ce qui semble être des pâtes… Il les engloutit.
– Mais tu es horrible ! C'est répugnant ! Ignoble ! Tu viens de manger le repas à moitié digéré d'un cadavre ! Tu te rends compte ?
Le type devient tout vert, a des haut-le-cœur et dégueule tout… L'autre se jette alors sur son vomi et l'avale goulûment !
– Hé ! Tu viens de me dire que c'était ignoble et tu avales mon vomi ? Celui du repas à moitié digéré d'un cadavre ?
– Peut-être, mais moi… je mange chaud !

• **Un type demande à son ami :**
– Dis-moi… Le clitoris d'une femme, il est devant ou derrière ?
– Mais devant ! Pourquoi ?
– Merde… J'ai dû lui bouffer une hémorroïde pendant une demi-heure !

• **Sous un pont dorment des clochards.** L'un d'eux se réveille en sursaut et secoue son voisin pour lui dire :
– Tu sens cette odeur ? Pouah !
– Ah oui, t'as raison ! Y'a un nouveau ou quoi ?

• **Un homme propose à sa femme de faire l'amour, mais celle-ci le repousse…**
– Non, chéri. Je suis désolée, mais j'ai des pertes blanches, alors…
– Alors ce n'est pas grave ! J'ai du diabète, on fera des meringues !

• **Deux clochards retirent leurs chaussures…**
– Oh, la vache ! Qu'est-ce que t'as les pieds dégueulasses ! Ils sont encore plus crades que les miens !
– Bah… C'est normal ! J'suis plus vieux que toi !

• **Quel est le parfum le moins cher du monde ?**
C'est le « Pur Hasard ».
Et qu'est-ce que le « Pur Hasard » ?
Il suffit de se mettre un doigt dans le derrière, de le retirer, puis de le sentir. Si ça sent bon, c'est du « Pur Hasard » !

• **Un soir, une jeune fille ramène un garçon à la maison.** Ils s'apprêtent à passer leur première nuit ensemble et le garçon, beaucoup moins expérimenté que la jeune fille, se laisse guider ..
– Ça te dit de faire un 69 ? lui propose la fille.
– Euh… Un 69 ? C'est quoi ? demande le garçon.
La fille prend la direction des opérations… Elle met sa tête entre les jambes du garçon et la tête de ce dernier entre les siennes. Une fois en position, la jeune fille laisse échapper malencontreusement un petit pet. Surpris, le garçon la repousse… Elle se remet aussitôt en position et, une nouvelle fois, elle ne peut retenir un vent ! Le garçon est très énervé, il s'extirpe du lit et commence à se rhabiller. La jeune fille tente de rattraper la situation…
– Excuse-moi, je suis désolée. J'ai tellement honte… Fais pas la tête ! Allez, on continue ?
Et le garçon lui répond :

– Tu ne crois tout de même pas que je vais me taper les 67 autres !?

• **Nous sommes au Far West…** La neige a recouvert les plaines et un froid glacial frigorifie un cow-boy sur son cheval. Lorsque le cow-boy arrive enfin dans une ville, il attache sa monture devant un saloon où il compte bien se réchauffer. Avant d'entrer, il soulève la queue de son cheval et l'embrasse sur l'anus ! Une femme le remarque et l'apostrophe :
– Que faites-vous là ! On ne vous a pas appris les bonnes manières, cow-boy ?
– Désolé, m'dame, mais j'ai les lèvres gercées…
– Et alors ? Quel est le rapport ?
– Eh bien ! pour les lèvres gercées, j'embrasse l'anus de mon cheval…
– Et ça marche ?
– Bien entendu ! Vous voulez essayer ?
Le cow-boy soulève la queue de son cheval et la dame, dont les lèvres souffrent elles aussi du froid, embrasse l'anus du canasson…
– Beurk ! Vous êtes certain que ça va me guérir les lèvres gercées ? demande-t-elle en faisant la grimace.
– Les guérir, non ! Mais ça va vous empêcher de vous lécher les lèvres…

• **Une nuit, après une soirée en discothèque, une jeune fille ramène un petit copain à la maison.** Les deux jeunes tourtereaux marchent sur la pointe des pieds pour ne pas réveiller les parents de la jeune fille. Alors qu'ils montent les escaliers qui mènent à la chambre, le jeune homme demande à voix basse :
– Dis-moi… Où sont les toilettes, s'il te plaît ?
La jeune fille lui répond en murmurant :
– Ne va pas aux toilettes, ça va faire trop de bruit. Tu n'as qu'à faire dans l'évier de la cuisine…

Le jeune homme redescend doucement les marches et se rend dans la cuisine. Cinq minutes plus tard, il appelle discrètement sa copine qui l'attend derrière la porte :
– Pssst ! Pssst !
– Quoi ! Qu'est-ce qu'il y a ? demande la jeune fille.
– Pssst ! T'aurais pas du papier ?

• **Un taxi stationne devant une pizzéria.** Un client sort du restaurant, passe sa tête par la vitre ouverte du taxi et demande au chauffeur :
– Dites, vous auriez de la place pour quatre bières et une pizza toute chaude ?
– Ma foi... Oui, pourquoi pas ! dit le taxi qui n'a encore rien mangé.
– Beeeeuuuuuuuaaaaarkkkkkkkk !!!!!

• **Bill et John, deux cow-boys accoudés au comptoir d'un bar, font un pari idiot dont le perdant doit boire le contenu du crachoir...** John perd le pari et s'empare, écœuré, du crachoir où se mêlent chiques, crachats gluants et morves vertes... Son cœur se soulève, mais un pari est un pari ! Il porte le crachoir jusqu'au bord de ses lèvres, ferme les yeux, et commence à aspirer le contenu du récipient... Gloup ! Gloup ! Bill qui regarde son copain avaler est sur le point de vomir...
– Arrête ! Arrête ! C'est bon, ne va pas plus loin !
Mais John continue à engloutir les crachats... Gloup ! Gloup ! Gloup !
– Stop ! Je t'en supplie, c'est ridicule de continuer !
Et John poursuit... Gloup ! Gloup ! Schlump ! Il a maintenant entièrement vidé le contenu du crachoir.
– Mais t'es fou ou quoi ? Pourquoi tu as tout avalé ? demande Bill à son pote.
John est blême .. Il ne sait pas s'il doit commencer par vomir et s'évanouir ensuite ou bien faire l'inverse. Il murmure à Bill :
– J'pouvais pas... m'arrêter... c'était... en un seul morceau !

• **Un ange s'intéresse au cas de deux statues du château de Versailles :** un bel apollon et une jolie déesse. L'ange se pose tout près d'eux et leur dit :
– Depuis le temps que vous êtes nus côte à côte, vous devez avoir envie d'en faire des choses ! Je vais vous aider à assouvir votre phantasme… Pour cela, je vais vous libérer pendant une heure ! Ensuite, libre à vous d'aller faire ce que vous voulez dans le bosquet derrière vous…
L'ange libère donc les deux statues, qui aussitôt s'enfoncent dans le bosquet. Le bel apollon et la jolie déesse en ressortent une heure plus tard, le sourire aux lèvres… L'ange leur dit alors :
– Apparemment, vous en avez bien profité ! Ça fait plaisir à voir ! Puisque c'est comme ça, je vous accorde une heure de plus !
– Génial ! s'écrie la déesse.
– Oh, oui ! fait le bel apollon. Cette fois, c'est toi qui tiens le pigeon et moi qui lui chie dessus !

• **Un chasseur annonce à sa femme :**
– Tu viens à la chasse avec moi ?
– Non, tu sais bien que ça ne m'intéresse pas…
– Tu connais la condition ? précise le chasseur à sa femme. Si tu ne viens pas, tu me suces ou je t'encule !
– Oui, oui… Je sais…
Sa femme lui fait donc une fellation et son mari part chasser…
Le lendemain, le chasseur dit à sa femme :
– Tu viens à la chasse ?
– Non, je n'ai pas le temps de venir…
– Tu connais la condition ? Si tu ne viens pas, tu me suces ou je t'encule !
– Oui, oui…
La femme commence donc une fellation et se met à cracher, l'air écœuré.
– Bah ! Ton sexe a un goût horrible ! Beurk ! Pffff ttt !
– Oui, le chien non plus ne veut pas venir…

• **Un couple de clochards passe une nuit de plus sous des cartons.** La femme se met à caresser son homme entre les cuisses et s'exclame :
– Ah ! Tu vois que tu peux encore bander !
– Désolé, chérie, mais je chie…

• **Un couple de clochards se couche sur ses cartons.** La femme qui aimerait faire l'amour se frotte à son homme…
– Arrête ! dit le mari. Tu pues trop ! C'est pas possible !
– Fais-moi l'amour !
– Non ! Tu chlingues, j'te dis !
– Alors, lèche-moi le minou !
– Ça va pas, non ? Ça fait combien de temps que tu ne l'as pas lavé, ton minou ?
– Ben… J'me souviens pas. Lèche-moi le minou une fois, et c'est promis, je t'embêterai plus jamais !
Le clochard accepte le marché. Sa femme soulève sa jupe et retire sa culotte. L'odeur est pestilentielle. Le mari suffoque et manque de s'évanouir à la vue des morpions qui courent sur le sexe de sa femme. Cette dernière empoigne alors son mari par les cheveux et le force à lui lécher le minou. Le clochard qui n'a plus vraiment le choix commence à lécher malgré l'odeur fétide. Au bout d'un moment, il parvient à se dégager en hurlant :
– J'peux plus ! J'peux plus ! Pitié !
Sa femme lui ressaisit la tête pour le forcer à continuer :
– Continue ! C'est trop bon !
Puis elle lâche un énorme pet. Son mari s'exclame alors :
- Ouf ! De l'air !

• **Dans un restaurant italien, un homme attend désespérément d'être servi.** L'homme est mort de faim, pressé, et ne veut plus attendre. À la table voisine, il a remarqué un type plongé dans son journal depuis maintenant trois quarts d'heure… Pourtant, il a devant lui une assiette encore fumante de spaghettis, semble-t-il à la bolognaise, qui ne demandent qu'à être mangés ! Discrètement,

l'homme change de place et s'assoit en face de l'homme au journal. Il emprunte sa fourchette et commence à manger ses spaghettis. L'homme s'empresse d'en manger le plus possible avant que l'homme au journal ne le remarque. Soudain ! il sort du plat de spaghettis un immonde peigne plein de longs cheveux blancs et gras. Il est pris d'un haut-le-cœur et vomit les spaghettis dans l'assiette. En face de lui, l'homme baisse son journal, le regarde et lui dit :
– Vous aussi, le peigne ?

• **Un homme se rend dans un bordel malfamé et se renseigne sur les tarifs.**
– C'est combien pour une fille ?
– C'est pour quoi faire avec la fille ?
– C'est juste pour une petite fellation…
– Donne 5 euros !
Agréablement surpris par le tarif, l'homme paye sans aucune hésitation. Alors qu'il se dirige vers la chambre qu'on lui a indiquée, le patron de l'établissement le prévient :
– T'étonne pas, la fille est muette et la lumière de la piaule ne marche plus !
– OK !
L'homme entre dans la chambre et, à tâtons, repère la fille allongée sur le lit. L'homme fait son affaire et ressort quelques instants plus tard…
– Alors ? demande le patron.
– Parfait ! Elle n'a pas bronché ! Par contre, elle recrache le sperme…
Le patron se retourne et hurle en direction d'un employé :
– Hé ! Va falloir vider la morte, elle est déjà pleine !

• **Un gars et une fille se roulent une pelle monstrueuse et plongent profondément leur langue dans la bouche de l'autre.** Soudain, la fille tousse et rougit…
– Je crois que j'ai avalé ton chewing-gum ! dit-elle.
– Non, répond le garçon. J'avais un chat au fond de la gorge…

Chuck Norris - Le retour

Chuck Norris a déjà fait pleurer un Happy Meal®.

• • •

Chuck Norris n'a jamais fait pipi au lit, c'est le lit qui se pissait dessus.

• • •

Quand Chuck Norris mange un Petit Écolier, il recrache le cartable et les chaussures.

• • •

Quand Chuck Norris pisse face au vent, le vent change de direction.

• • •

Depuis le jour où Obélix a voulu mettre une dérouillée à Chuck Norris, on l'appelle Paraplégix.

• • •

Chuck Norris n'a pas d'argent à la banque, Chuck Norris n'épargne rien.

• • •

Chuck Norris ne met pas de gouttes dans les yeux, Chuck Norris met du Tabasco.

•••

Quand Chuck Norris envoie une invitation sur Facebook, il n'y a pas de bouton « Ignorer ».

•••

Chuck Norris peut gonfler un ballon dirigeable avec une pompe à vélo.

•••

La vie se demande ce qu'il y a après Chuck Norris.

•••

Quand Chuck Norris donne du sang à la Croix-Rouge, ce n'est jamais le sien.

•••

Chuck Norris sait être généreux, Chuck Norris donne régulièrement des cadavres à la science.

•••

Depuis que Chuck Norris a vu la Vierge Marie, on l'appelle Marie.

•••

Chuck Norris a déjà gagné une partie de cache-cache contre l'homme invisible.

•••

Depuis que Chuck Norris a eu un 0 en latin, c'est une langue morte.

•••

Chuck Norris est capable de parler en braille.

•••

Quand Chuck Norris joue au Monopoly, il n'y a pas de rue de la Paix.

•••

Le diable a vendu son âme à Chuck Norris.

•••

Chuck Norris a fait une dédicace sur le front d'Harry Potter et la tête de Franck Ribéry…

•••

Quand Chuck Norris s'ennuie, il tue le temps.

•••

La vie ne tient qu'à un fil et c'est Chuck Norris qui a les ciseaux.

•••

Quand Chuck Norris joue au Scrabble, les académiciens notent les mots qui devront entrer dans le dictionnaire.

• • •

Les coups de poing de Chuck Norris se mesurent sur l'échelle de Richter.

• • •

Chuck Norris n'a pas de montre, Chuck Norris décide de l'heure qu'il est.

• • •

Quand Chuck Norris tape la causette, Causette a mal !

• • •

Le jour où Spiderman a rencontré Chuck Norris, il s'est tissé dessus.

• • •

Chuck Norris a fini le jeu Mario Bros avec une seule vie, sans sauter.

• • •

Quand une balle se dirige vers Chuck Norris, elle fait demi-tour.

• • •

Chuck Norris dort toujours avec un oreiller sous son flingue.

•••

Fumer réduit le risque d'être tué par Chuck Norris.

•••

Il n'y a pas de vie sur Mars parce que Chuck Norris est déjà allé sur Mars...

•••

La maladie de Parkinson n'existe pas, ce sont seulement des gens qui tremblent de rencontrer un jour Chuck Norris.

•••

La Mort a rendu visite à Chuck Norris, mais c'était pour lui passer une commande...

•••

Les gens boivent pour oublier Chuck Norris.

•••

Chuck Norris ne fait jamais le ménage chez lui, Chuck Norris laisse deux heures à la poussière pour quitter les lieux.

•••

Quand un lien est mort sur Internet, c'est parce que la page ne chargeait pas assez vite pour Chuck Norris.

• • •

Même ses chaussettes n'arrivent pas à la cheville de Chuck Norris.

• • •

Pour résoudre un problème de math, Chuck Norris a tué son prof.

• • •

Quand Chuck Norris chante sous la douche, les Rolling Stones viennent assurer la première partie.

• • •

Quand Chuck Norris te dit : « Ta gueule ! », c'est pour te prévenir de l'endroit où il va frapper.

• • •

Un extraterrestre qui a été enlevé se souvient seulement avoir été ébloui par les phares d'un pick-up…

• • •

Quand Chuck Norris demande un Burger King dans un McDo, il est servi.

• • •

Un jour, un Transformers a voulu casser la gueule à Chuck Norris. Depuis, on l'appelle R2D2…

• • •

Chuck Norris a donné un uppercut à un cheval. On appelle ses descendants les girafes.

• • •

Quand Chuck Norris utilise un ordinateur, il peut supprimer la corbeille.

• • •

Quand Chuck Norris te renvoie l'ascenseur, ce n'est pas une métaphore… Et ça fait très mal !

• • •

Les malades d'Alzheimer n'oublient jamais Chuck Norris.

• • •

Jésus a déjà rencontré Chuck Norris. Il est resté cloué sur place.

• • •

La maîtresse de Chuck Norris devait lever la main pour lui adresser la parole.

• • •

Chuck Norris ne connaît pas Mimi Mathie, Chuck Norris ne baisse jamais les yeux.

•••

Quand elles font l'amour, les femmes fantasment toutes sur Chuck Norris. Et les hommes aussi.

•••

Un jour, Chuck Norris a fait la blague « Je t'ai volé ton nez! » à Voldemort…

Coquines

• **Dans un bar, un homme repère une fille seule à une table.**
Il s'approche d'elle et lui demande gentiment :
– Je peux vous offrir un verre ?
Et la fille se met à gueuler :
– Quoi ! Espèce de cochon !
– Vous m'avez mal compris, je vous propose juste un verre !
– Je ne suis pas une pute ! Vicieux ! Pervers !
Tous les clients se tournent vers le type mort de honte... Mais un peu plus tard dans la soirée, la fille vient voir le gars qu'elle avait envoyé balader...
– Je suis désolée pour tout à l'heure, j'étais un peu sur les nerfs... Et je veux bien accepter le verre que vous me proposiez !
Et le type se met à hurler :
– Quoi !!! 200 euros !

• **Quelle différence y a-t-il entre un clitoris et un chewing-gum ?**
Le goût !

• **Quelle différence y a-t-il entre la mort et l'amour ?**
La mort, c'est l'arrêt du cœur. L'amour, c'est la raie du cul.

• **Un enfant demande à son père :**
– Pourquoi maman, elle ne mange jamais avec nous ?
– Bien sûr que si ! C'est parce que tu n'as pas regardé sous la table !

• **Dans un bar, un homme se rend aux toilettes et emprunte celles des femmes.** Le patron le rappelle :
– Monsieur ! Monsieur ! Ici, c'est pour les dames !!!
L'homme ressort des toilettes en tenant son sexe à la main :
– Et ça ! C'est pour qui ?

• **Un homosexuel rencontre un autre homo...**
– Alors, comment vont les amours en ce moment ?
– C'est génial ! Je n'ai même plus le temps de péter !

• **Que fait un geek après avoir fait l'amour?**
Il nettoie son clavier!

• **Un copain à un autre:**
– Personnellement, je n'aime pas les filles qui couchent le premier soir.
– Ah oui? Pourquoi?
– Parce qu'il faut attendre toute l'après-midi!

• **Quel est le point commun entre la vie et une sodomie?**
Plus tu avances, et plus t'en chies.

• **Quel est le point commun entre le paradis et le vagin?**
Pour y entrer, il faut attendre d'être raide.

• **Une femme cougar d'une quarantaine d'années ramène un jeune homme de 20 ans à la maison…** Elle le conduit jusqu'à sa chambre, puis lui demande:
– Ça te dirait de te taper la mère et la fille en même temps?
– Oh oui! Cool!
La femme passe alors sa tête dans le couloir et appelle:
– Maman! Tu peux venir, il est d'accord!

• **De quoi les gays ne souffrent-ils jamais?**
De constipation…

• **Une cougar aborde un petit jeune…**
– Tu aimes les maths?
– Oui, un peu…
– Alors montre-moi comment 20 peut entrer dans 50!

• **Quel est le contraire de la libido?**
Le bide au lit.

• **Un type rend visite à un copain.** Lorsque son copain l'invite à entrer dans l'appartement, il remarque la présence d'un gros chien allongé sur le canapé.
– Tiens ? Je ne savais pas que tu avais un chien !
– Oui ! Il est incroyable ! Et tu sais quoi ?
– Non ?
– Il est capable de te faire une petite gâterie !
– Hein ? Non… Je n'y crois pas.
– Tu vas voir !
Le type appelle son chien et lui ordonne :
– Allez ! Fais une gâterie à mon pote !
Le chien lève un œil éteint vers son maître et reste affalé sur le canapé.
– Dépêche-toi ! Fais une gâterie à mon copain !
Comme le gros chien reste toujours aussi impassible, son maître lui dit :
– Bon… C'est la dernière fois que je te montre !

• **Que fait un geek quand il a fini de faire l'amour ?**
Il éteint son ordinateur…

• **Quel point commun y a-t-il entre le sperme et le mensonge ?**
C'est dur à faire avaler !

• **Une jeune fille, qui avait la permission de minuit pour aller en discothèque, rentre au petit matin.** À peine franchit-elle la porte de chez elle que son père allume la lumière et l'interpelle :
– C'est à cette heure-ci que tu rentres !
– C'est pas ma faute, papa…
– Comment ça, c'est pas ta faute !
– Oui, quand j'ai voulu partir, il y avait un groupe de garçons dehors. Ils m'ont accostée et m'ont dit : « Tu nous suces ou on t'égorge ! »
– Et…
– Et ils m'ont égorgée !

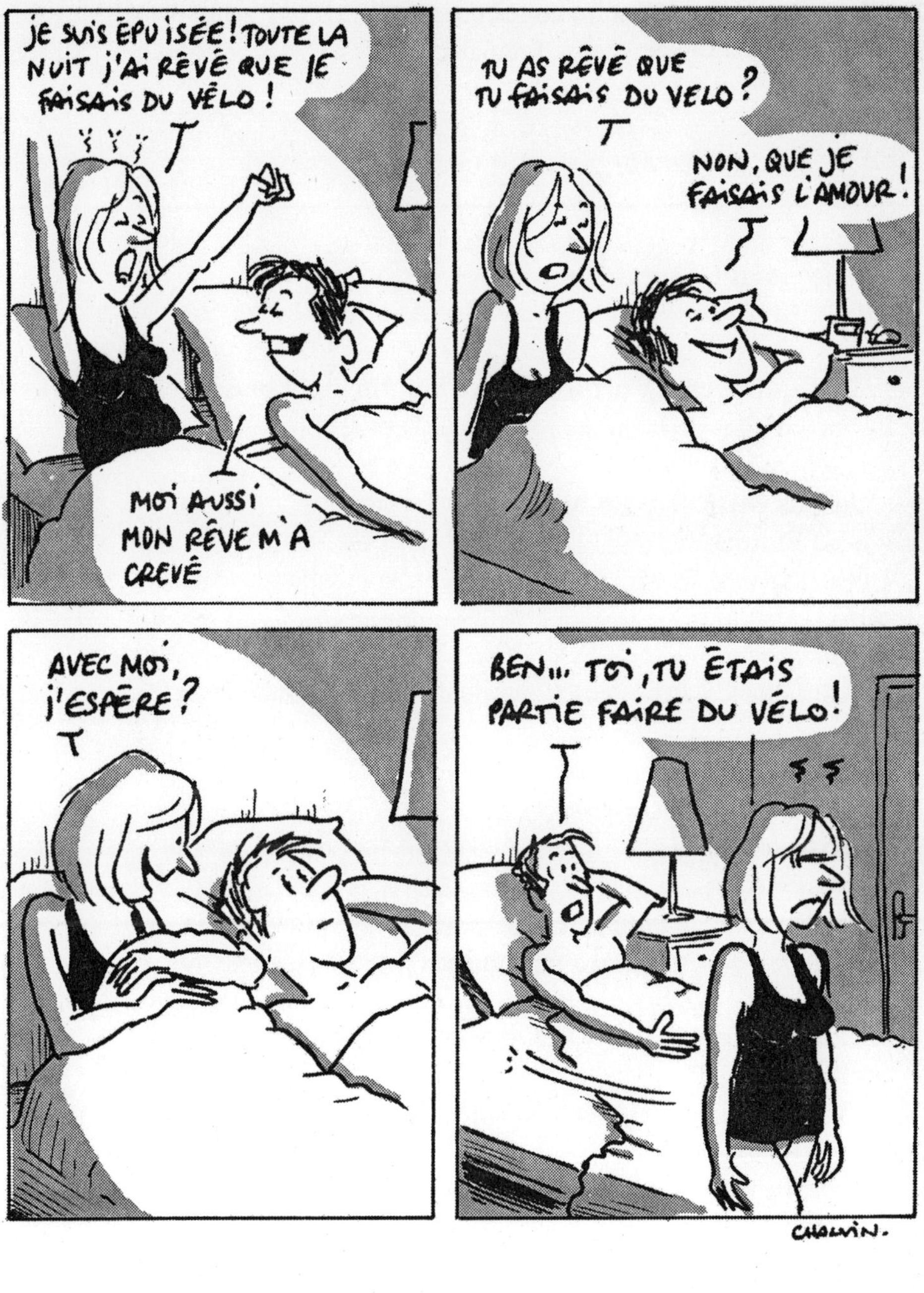
JE SUIS ÉPUISÉE ! TOUTE LA NUIT J'AI RÊVÉ QUE JE FAISAIS DU VÉLO !
MOI AUSSI MON RÊVE M'A CREVÉ
TU AS RÊVÉ QUE TU FAISAIS DU VÉLO ?
NON, QUE JE FAISAIS L'AMOUR !
AVEC MOI, J'ESPÈRE ?
BEN... TOI, TU ÉTAIS PARTIE FAIRE DU VÉLO !
CHAUVIN.

• Un type rencontre un copain qu'il n'a pas vu depuis de très nombreuses années.
– Tu as des enfants ?
– Oui, dix !
– Dix ! Avec la même ?
– Oui, mais pas avec la même femme !

• Pourquoi dit-on que l'amour « ça va, ça vient... » ?
Parce qu'il n'y a pas de place pour faire demi-tour !

• Quelle différence y a-t-il entre un boudin et du boudin ?
Il y en a un des deux qui ne voit jamais la purée !

• Un gars entre dans un bistrot en criant :
– Neuf Ricard ! Vite !
– Neuf ? Je vous les sers tous maintenant ? lui demande le patron.
– Oui, vite !
Pendant que le patron remplit les neuf verres, il demande au type :
– Vous fêtez quelque chose ?
– Oui, ma première fellation.
– C'est bien ça ! Allez... Si vous buvez les neuf Ricard, je vous offre le dixième.
– Vous savez, si au bout de neuf j'ai toujours le goût dans la bouche, je doute que le dixième puisse changer quelque chose !

• Une naine se rend chez son gynécologue et lui expose son problème :
– Docteur, j'ai un gros souci ! Chaque fois qu'il pleut, j'ai les lèvres irritées ?
– Rassurez-vous, ce n'est rien. Arrêtez de porter des bottes en caoutchouc !

• **Quelle différence y a-t-il entre les maths et le sexe ?**
Les maths, plus c'est facile, et plus ça rentre. Le sexe, plus c'est dur, et plus ça rentre.

• **À quoi reconnaît-on un danseur de lambada ?**
C'est celui qui a une jambe mouillée !

• **Une jeune fille arrive au bureau avec un bras dans le plâtre.**
Sa collègue s'en inquiète :
– Tu as eu un accident ?
– Oui, j'ai voulu éviter un enfant !
– Comment est-ce arrivé ?
– Je suis tombée du lit…

• **Un homme qui marche dans la rue remarque à quelques mètres de lui une jeune femme blonde, super sexy, qui lui sourit et lui fait un petit signe de la main.** Intrigué par cette femme, il s'approche d'elle et lui demande :
– Bonjour, mademoiselle, on se connaît ?
Elle lui offre un large sourire :
– Oui ! Vous êtes le père de l'un de mes enfants…
Abasourdi, l'homme fait rapidement appel à sa mémoire et se souvient de l'unique fois où il s'est montré infidèle à son épouse :
– Bon sang ! C'est vous la strip-teaseuse que je me suis faite sur le comptoir d'un bar, lors de cette soirée avec des potes où j'étais complètement bourré, pendant que votre ami travesti me sodomisait ?
– Euh… Non, répond-elle très gênée, je suis la nouvelle institutrice de votre fils.

• **Quel est le gâteau préféré des lesbiennes ?**
La forêt-noire.

• **Une petite fille voit son père sortir de la douche.**
– C'est quoi, ça ! lui demande-t-elle en désignant son entrejambe.
– C'est mon pénis.
– J'en aurai un moi aussi quand je serai grande ?
– Oui. Et si tu es gentille, tu en auras même plusieurs !

• **Un type rencontre un copain et l'invite, le soir même, à une partouze…**
– Une partouze ? Heu… Pourquoi pas. Il y aura qui ?
– Ben… Si tu viens avec ta femme, on sera trois.

• **Une partouze gigantesque est organisée dans un club d'échangistes.** Des dizaines de corps s'entremêlent pour ne former plus qu'un gros tas de chair humaine. À un moment donné, un type malingre parvient à s'extraire péniblement de la mêlée. Il prend un grand bol d'air frais et se met à crier :
– Ça ne peut plus durer ! Depuis tout à l'heure, je me suis fait sodomiser trois fois, j'ai fait quatre pipes et je n'ai pas encore pu tirer mon coup une seule fois !

Le bonheur est dans le pré

• **Deux jeunes paysans encore puceaux rêvent de faire l'amour à une femme.** Ils ne pensent qu'à ça et leur envie est croissante… Malheureusement, les femmes, dans le coin perdu où ils habitent, ça ne court pas les champs ! En longeant un pré où sont parquées des brebis, l'un dit à l'autre :
– J'ai une idée ! On va se choper une brebis !
Les deux jeunes paysans attrapent une brebis et lui coincent la tête dans la clôture. Pendant ce temps, l'un se défroque et prend la brebis par-derrière. Lorsqu'il a terminé sa petite affaire, il dit à son copain :
– Ça y est ! À ton tour !
Et le copain baisse alors son pantalon, se met à genoux, et coince sa tête dans la clôture…

• **Comme chaque matin, un paysan qui n'a qu'une seule vache amène le lait qu'il a tiré à la coopérative laitière.**
– Comment faites-vous pour avoir autant de lait avec une seule vache ?
– Ah ça ! J'ai un truc !
– Dites-moi ! Avec une seule vache, vous produisez autant de lait qu'avec un troupeau de dix bêtes !
– J'ai un truc… répète le paysan.
– J'aimerais bien le connaître, votre truc ! Parce que si cela consiste à faire ingurgiter des produits plus ou moins illicites à votre vache pour qu'elle produise plus, je suis en droit de le savoir ! La qualité du lait que nous commercialisons doit être irréprochable !
– Bon… Vous me promettez de ne pas le répéter ?
– C'est promis !
– Ben voilà… Tous les jours, je vais voir ma vache et je lui demande : « Qu'est-ce que tu me donnes, ce matin ? Du lait ou du steak ? »

• **Une vache est prête à faire son veau et un paysan l'aide à vêler.** Son petit-fils assiste à la scène. La vache accouche et le

paysan doit tirer le veau par les pattes pour qu'il sorte. Lorsque le petit veau est enfin né et qu'il s'est dressé sur ses pattes pour téter sa mère, le petit garçon demande à son papy :
– Dis papy... À quelle vitesse il allait le veau quand il a percuté la vache ?

• **Pourquoi les paysannes ne portent-elles pas de culotte l'été ?**
Pour ne pas avoir de mouches sur la figure !

• **Un automobiliste tombe en panne sur une route perdue de campagne.** Au bout d'une heure, arrive enfin un paysan sur sa carriole tirée par un cheval. L'homme s'arrête au niveau de l'automobiliste :
– Eh bien, mon brave ? Z'êtes t'y pas en panne ?
– Si... Vous pourriez m'amener jusqu'au village le plus proche ?
– Ben sûr ! Montez !
L'homme monte à côté du paysan qui crie :
– Allez ! Hue Victor, hue !
Mais le cheval ne bouge pas... Le paysan insiste :
– Allez ! Hue Toitoine, hue !
La carriole ne s'ébranle toujours pas... Le paysan ne se décourage pas :
– Allez ! Hue Firmin, hue !
Le cheval se met enfin à tirer et la carriole à avancer !
L'automobiliste demande alors au paysan :
– Vous ne vous souveniez plus de son nom ?
– Si ! Mais Firmin est aveugle et, en plus, il est fainéant comme une vieille mule ! Alors, s'il savait qu'il est le seul à tirer, l'aurait même pas essayé !

• **Un homme commande un âne à un paysan et le paye d'avance 400 euros.** Le jour où l'homme vient chercher son âne, le paysan lui annonce que ce dernier vient de mourir.
– Mon âne est mort ? Alors, rendez-moi les 400 euros que je

vous ai versés !
– Pas question ! Quand il est mort, il n'était plus à moi…
– Très bien ! Puisque c'est ça, rendez-moi le cadavre de l'âne !
– Ben… Pour quoi faire ? demande le paysan.
– Eh bien, je vais organiser une tombola pour faire gagner l'âne !
– Mais personne ne voudra d'un âne mort ?
– Mais il n'est pas question que je dise que l'âne est mort…
L'homme repart avec le cadavre de l'âne. Quelque temps plus tard, il revient voir le paysan, qui lui demande :
– Alors ? Vous avez fait votre tombola ?
– Oui, j'ai vendu 200 billets à 5 euros ! Et grâce à votre âne mort, j'ai fait un bénéfice de 595 euros !
– Et comment ça ?
– J'ai vendu pour 1 000 euros de billets de tombola, moins les 400 euros que m'a coûtés l'âne mort, ça fait 600 euros.
– Pourquoi 595 ?
– Moins les 5 euros que j'ai rendus au vainqueur de la tombola…

• **Quel point commun y a-t-il entre un pet et un paysan qui déménage pour aller habiter en ville ?**
Ils sortent d'un trou !

• **Pour vendre sa ferme, un paysan passe des annonces dans tous les journaux régionaux.** Quelques jours plus tard, il reçoit la visite d'un type qui souhaiterait rénover cette ferme pour en faire une grande demeure. Il demande au paysan :
– Combien me vendriez-vous votre ferme ?
– 3 millions d'euros !
– Hein !? 3 millions, mais c'est bien trop cher ! Il ne s'agit que d'une vieille ferme ? s'étonne le type.
Le paysan tente une explication :
– Oui, mais c'est que pour 3 millions, il n'y a pas que la ferme… Il y a aussi tous les champs que vous voyez autour de vous ! Et puis, j'ai le petit veau qui est là-bas, et les ruches…

Le type s'énerve :
– Mais je m'en fiche moi, de vos ruches et de votre veau ! C'est la ferme que je veux.
Le paysan, fin négociateur, répond autoritairement :
– On fait du miel depuis plusieurs générations dans ma famille ! Je vends la ferme avec le veau et les abeilles, un point c'est tout !
– Mais les abeilles sont dangereuses. Elles peuvent s'attaquer à mes enfants !
Le paysan lui propose alors un marché :
– Mes abeilles ne piquent pas. Elles sont trop occupées par leur travail ! Je vous propose un marché… Je vous ligote à un arbre, à côté des ruches et à poil. Si une seule d'entre elles vous pique, je vous donne la ferme et les champs !
Le type est très troublé. Il réfléchit un instant et conclut qu'il ne peut refuser une telle opportunité. Il se laisse donc attacher par une corde, complètement nu, à un châtaignier planté à 10 mètres des ruches. Le paysan revient une heure plus tard et trouve le pauvre homme totalement épuisé, le corps chancelant au pied de l'arbre. Il se précipite pour venir à son secours et lui dit :
– Oh, je suis désolé. Jamais mes abeilles n'ont agi ainsi, je ne comprends pas…
Le type lui répond :
– Pour vos abeilles, vous aviez raison, elles ne piquent pas. Par contre, votre veau… Ça fait combien de temps qu'il n'a pas tété sa mère ?

• **Une paysanne se rend chez son docteur.**
– J'ai un problème avec mon mari… dit la femme au médecin.
– Quel genre de problème ?
– Alors, voilà. Chaque fois que je veux faire l'amour à mon mari, je me déshabille et il se prend pour une chèvre !
– Je ne comprends pas… Demandez à votre mari de venir me voir, il faudrait plutôt que j'en parle avec lui.
– Très bien, je le lui demanderai.

– En attendant, puisque vous êtes là, je vais en profiter pour vous ausculter. Veuillez vous déshabiller, s'il vous plaît.
La femme se déshabille, le docteur la regarde et s'écrie :
– Bééééééééééééééé !

• **Un jeune homme, qui habite un coin paumé à la campagne, se rend en ville pour y avoir une première expérience sexuelle avec une prostituée.** Cette dernière devine qu'elle a affaire à un novice en la matière. Elle prend donc les initiatives et essaye de détendre un peu le jeune campagnard. Elle le serre tout d'abord contre elle et lui demande :
– Tu sens mes cheveux ?
– Oui, m'dame… ça sent bon !
La prostituée dégrafe son soutien-gorge, puis attrape la tête de son client, qu'elle met entre ses deux seins :
– Tu sens ma poitrine ?
– Oui, m'dame… ça sent bon !
Elle retire ensuite sa culotte, prend la tête du jeune homme pour la mettre entre ses jambes et demande :
– Tu sens ma petite chatte ?
– Oui, m'dame… Il y a longtemps qu'elle est morte ?

• **Un vieux paysan vit seul dans sa ferme.** Il est veuf et son fils unique est en prison. L'agriculteur sent ses forces s'amoindrir au fil des ans et le travail devient de plus en plus dur. Comme tous les ans, il doit retourner la terre de son jardin pour y planter ses pommes de terre. Autrefois, c'est son fils qui l'aidait à cette pénible tâche. Submergé de chagrin, il écrit à son fils pour lui faire part de son désespoir :
« Mon fiston,
Je me sens si seul… La vie est bien pénible sans maman et toi. Je devais retourner la terre dans le jardin pour planter les patates, mais j'ai bien peur de ne jamais y arriver. Toi, tu m'aurais aidé… Si seulement tu n'étais pas en prison !
Je pense beaucoup à toi.

Bises,
Ton papa »
Le fils répond à son père :
« Cher Papa,
Ne touche surtout pas à la terre du jardin. C'est là que j'ai enterré les corps ! Tu me mettrais dans un sacré pétrin si tu retournais la terre…
Bises,
Ton fils »
Le même jour, la police criminelle débarque chez le vieux paysan. Des pelleteuses retournent tout son terrain, mais les policiers ne trouvent aucune trace de cadavres. Deux jours plus tard, le vieux reçoit une nouvelle lettre de son fils :
« Cher Papa,
Je pense que maintenant, tu dois pouvoir planter tes patates ! Je te devais bien ça…
Grosses bises !
Ton fiston »

Toc-toc-toc !
Qui est là ?

– Toc-toc-toc !
– Qui est là ?
– Lydie.
– Lydie qui ?
– Lydie'manche à Bamako c'est le jour de mariage… Le dimanche à Bamako c'est le jour de mariage…
(Dimanche à Bamako* – Amadou & Mariam*)

• • •

– Toc-toc-toc !
– Qui est là ?
– Nathan.
– Nathan qui ?
– Nathan reverrai-je, pays merveilleux ? Où ceux qui s'aiment, vivent à deux.
(Quand te reverrai-je, pays merveilleux – Les Bronzés)

• • •

– Toc-toc-toc !
– Qui est là ?
– Gilles.
– Gilles qui ?
– Gilles est venu le temps des cathédrales ! Le monde est entré, dans un nouveau millénaire…
(Le temps des cathédrales – Notre-Dame de Paris)

• • •

– Toc-toc-toc !
– Qui est là ?
– Lilou.
– Lilou qui ?
– Lilou'mière du phare d'Alexandrie fait naufrager les papillons de ma jeunesse…
(Alexandrie Alexandra – **Claude François***)*

•••

– Toc-toc-toc !
– Qui est là ?
– Youri.
– Youri qui ?
– Youri voulu être un artiste, pour pouvoir faire mon numéro, quand l'avion se pose sur la piste, à Rotterdam ou à Rio…
(Le blues du businessman – **Claude Dubois***)*

•••

– Toc-toc-toc !
– Qui est là ?
– Agnès.
– Agnès qui ?
– Agnès qu'on est serré, au fond de cette boîte, chantent les sardines, chantent les sardines…
(Les sardines – **Patrick Sébastien***)*

•••

– Toc-toc-toc !
– Qui est là ?
– Benoît et Thibault.
– Benoît et Thibault qui ?
– Benoît et Thibault, deux tibo, trois tibo doudou, bamoin en tibo, deux tibo, trois tibod'amou…
***(Ba moin en tibo* – La Compagnie créole)**

•••

– Toc-toc-toc !
– Qui est là ?
– Théo.
– Théo qui ?
– Théo.K., t'es bath, t'es in, t'es O.K., t'es bath, t'es in…
***(T'es O.K.* – Ottawan)**

•••

– Toc-toc-toc !
– Qui est là ?
– Medhi.
– Medhi qui ?
– Medhi moi si j'dois partir ou pas. Dis-moi ! hou… hou… Dis-moi si tu aimes ça Houna, car je suis fou de toi Houna, quand tu n'm'appartiens pas…
***(Dis-moi* – BB Brunes)**

•••

– Toc-toc-toc !
– Qui est là ?
– John.
– John qui ?
– John peux pas, je n'sais pas, et je reste planté là, les lois ne font plus les hommes, mais quelques hommes font la loi, et je n'peux pas, je n'sais pas…
(La vie ne m'apprend rien* – Daniel Balavoine*)

•••

– Toc-toc-toc !
– Qui est là ?
– Akim.
– Akim qui ?
– Akim'aMatata, mais quelle phrase magnifique,
HakunaMatata, quel chant fantastique !
(Akuna Matata – Le Roi lion)

•••

– Toc-toc-toc !
– Qui est là ?
– Gilles.
– Gilles qui ?
– Gilles au bout de mes rêves, tout au bout de mes rêves, j'irai au bout de mes rêves, où la raison s'achève…
(Au bout de mes rêves* – Jean-Jacques Goldman*)

•••

– Toc-toc-toc!
– Qui est là?
– Raquel.
– Raquel qui?
– Raquel sont jolies les filles de mon pays, laïlaïlaïlaïlaïlaïlaïlaïlaï, oui qu'elles sont jolies les filles de mon pays…
(Les filles de mon pays* – Enrico Macias*)

•••

– Toc-toc-toc!
– Qui est là?
– Abdel.
– Abdel qui?
– Abdel'ive I canfly! I believe I cantouch the sky…
(I believe I can fly* – R-Kelly*)

•••

– Toc-toc-toc!
– Qui est là?
– Gégé.
– Gégé qui?
– Gégé crié, crié: « Aline! », pour qu'elle revienne. Et j'ai pleuré, pleuré, oh! j'avais trop de peine.
(Aline* – Christophe*)

•••

– Toc-toc-toc!
– Qui est là?
– Robert.
– Robert qui?
– Robert, qu'on voit danser le long des golfes clairs, a des reflets d'argent…
***(La mer* – Charles Trenet)**

•••

– Toc-toc-toc!
– Qui est là?
– Ali.
– Ali qui?
– Ali plus haut, aller plus haut, se rapprocher de l'avenir…
***(Aller plus haut* – Tina Arena)**

•••

– Toc-toc-toc!
– Qui est là?
– Sheila.
– Sheila qui?
– Sheila tête qui éclate, j'voudrais seulement dormir, m'étendre sur l'asphalte, et me laisser mourir. Stone, le monde est stone…
(Le monde est stone – Starmania)

•••

– Toc-toc-toc !
– Qui est là ?
– Yvan.
– Yvan qui ?
– Yvan'traînent au bout de la nuit, les démons de minuit, ils m'entraînent jusqu'à l'insomnie, les fantômes de l'ennui…
***(Les démons de minuit* – Images)**

•••

– Toc-toc-toc !
– Qui est là ?
– Anna.
– Anna qui ?
– Anna'louse, aussi belle que jalouse. Quand tu danses le temps s'arrête, je perds le nord, je perds la tête. Toi ma belle Espagnole…
***(Andalouse* – Kendji Girac)**

•••

– Toc-toc-toc !
– Qui est là ?
– Sacha qui ?
– Sacha va et ça revient, c'est fait de tout petits riens, ça se chante et ça se danse et ça revient, ça se retient comme une chanson populaire…
***(Chanson populaire* – Claude François)**

•••

– Toc-toc-toc !
– Qui est là ?
– Arnaud.
– Arnaud qui ?
– Arnaud enfants de la patrie, le jour de gloire est arrivé, contre nous de la tyrannie, l'étendard sanglant est levé…
***(La Marseillaise* – Hymne national français)**

•••

– Toc-toc-toc !
– Qui est là ?
– Bart.
– Bart qui ?
– Bart'enaire particulier, cherche partenaire particulière, débloquée, pas trop timide, et une bonne dose de savoir-faire…
***(Partenaire particulier* – Partenaire particulier)**

•••

– Toc-toc-toc !
– Qui est là ?
– Elvis.
– Elvis qui ?
– Elvis sa vie par procuration, devant son poste de télévision, elle apprend dans la presse à scandale, la vie des autres qui s'étale…
***(La vie par procuration* – Jean-Jacques Goldman)**

•••

– Toc-toc-toc !
– Qui est là ?
– Selma.
– Selma qui ?
– Selma prière, je viens vers toi, c'est ma prière, je suivrai ta loi, c'est ma prière, un jour viendra, c'est ma prière, et le monde changera…
(C'est ma prière* – Mike Brant*)

•••

– Toc-toc-toc !
– Qui est là ?
– Ramos.
– Ramos qui ?
– Ramos a la playa, a mi me gusta bailar, el ritmo de la noche, sounds of fiesta…
(Vamos a la playa* – Loona*)

•••

– Toc-toc-toc !
– Qui est là ?
– Jérémy.
– Jérémy qui ?
– Jérémy quand même te dire, tout ce que j'ai pu écrire, je l'ai puisé à l'encre de tes yeux…
(L'encre de tes yeux* – Francis Cabrel*)

•••

– Toc-toc-toc !
– Qui est là ?
– Marie.
– Marie qui ?
– Marie'volution porte ton nom, ma révolution n'a qu'une seule façon, de tourner le monde, de le changer…
***(Ma révolution* – Jennifer)**

•••

– Toc-toc-toc !
– Qui est là ?
– Jean-Louis.
– Jean-Louis qui ?
– Jean-Louis dirai les mots bleus, les mots qu'on dit avec les yeux, parler me semble ridicule, je m'élance et puis je recule, devant une phrase inutile, qui briserait l'instant fragile, d'une rencontre…
***(Les mots bleus* – Christophe)**

•••

– Toc-toc-toc !
– Qui est là ?
– Lucien.
– Lucien qui ?
– Lucien bleu sur nous peut s'effondrer, et la terre peut bien s'écrouler, peu m'importe si tu m'aimes, je me fous du monde entier…
***(Hymne à l'amour* – Édith Piaf)**

•••

– Toc-toc-toc !
– Qui est là ?
– Jimmy.
– Jimmy qui ?
– Jimmy de l'ordre à mes cheveux, un peu de noir sur mes yeux, ça l'a fait rire…
***(Il venait d'avoir 18 ans* – Dalida)**

• • •

– Toc-toc-toc !
– Qui est là ?
– Jeanne.
– Jeanne qui ?
– Jeanne qu'une seule envie, me laisser tenter, la victime est si belle, et le crime est si gai…
***(Cœur de loup* – Philippe Lafontaine)**

• • •

– Toc-toc-toc !
– Qui est là ?
– Seb.
– Seb qui ?
– Seb pas l'homme qui prend la mer, c'est la mer qui prend l'homme, moi la mer elle m'a pris, je m'souviens, un mardi…
***(Dès que le vent soufflera* – Renaud)**

• • •

– Toc-toc-toc !
– Qui est là ?
– Élie.
– Élie qui ?
– Élie à toi, cette chanson, toi, l'Auvergnat, qui sans façon, m'as donné quatre bouts de bois, quand dans ma vie, il faisait froid…
(Chanson pour l'Auvergnat* – Georges Brassens*)

• • •

– Toc-toc-toc !
– Qui est là ?
– Zlatan.
– Zlatan qui ?
– Zlatan'drai le jour et la nuit, j'attendrai toujours ton retour…
(J'attendrai* – Dalida*)

• • •

– Toc-toc-toc !
– Qui est là ?
– Ben.
– Ben ?
– Ben'venue à Galaswinda darla dirladada, y'a du soleil et des nanas, dirladada…
(Dirladada – Les Bronzés)

• • •

– Toc-toc-toc !
– Qui est là ?
– René.
– René qui ?
– René besoin de personne, en Harley Davidson, je ne reconnais plus personne, en Harley Davidson…
(Harley Davidson* – Brigitte Bardot*)

• • •

– Toc-toc-toc !
– Qui est là ?
– Rita.
– Rita qui ?
– Rita'no, el color de mi cielo, Gitano, le cœur qui bat sous ma peau, Gitano…
(Color gitano* – Kendji Girac*)

• • •

– Toc-toc-toc !
– Qui est là ?
– Simon.
– Simon qui ?
– Simon'man, si, si, maman, si, maman, si tu voyais ma vie, je pleure comme je ris, si, maman, si…
(Si, maman, si* – France Gall*)

• • •

– Toc-toc-toc !
– Qui est là ?
– Aurore.
– Aurore qui ?
– Aurore, c'étaient les corons, la terre, c'était le charbon, le ciel, c'était l'horizon, les hommes des mineurs de fond…
***(Les corons* – Pierre Bachelet)**

• • •

– Toc-toc-toc !
– Qui est là ?
– Gérard.
– Gérard qui ?
– Gérard'core rêvé d'elle, c'est bête, elle n'a rien fait pour ça, elle n'est pas vraiment belle, c'est mieux, elle est faite pour moi…
***(J'ai encore rêvé d'elle* – Il était une fois)**

• • •

– Toc-toc-toc !
– Qui est là ?
– Jessie.
– Jessie qui ?
– Jessie rital et je le reste, et dans le verbe et dans le geste, vos saisons sont devenues miennes, ma musique est italienne…
***(Le rital* – Claude Barzotti)**

• • •

– Toc-toc-toc !
– Qui est là ?
– Solène.
– Solène qui ?
– Solène sunlights des tropiques, l'amour se raconte en musique, on a toute la nuit pour s'aimer, en attendant viens danser…
(Les sunlights des tropiques – **Gilbert Montagné***)*

Histoires juives

• **Une femme juive n'a jamais eu de chance dans la vie...** Chaque matin, depuis des années, la poisse commence dès le petit déjeuner. Lorsqu'elle tartine sa biscotte de confiture, celle-ci lui échappe systématiquement des mains et tombe sur le sol, du côté de la confiture... Elle a beau prier le seigneur, rien n'y fait, tous les matins, sa biscotte tombe par terre du mauvais côté. Pourtant, un matin, la biscotte tombe miraculeusement du bon côté ! La femme est folle de joie. Elle s'empresse d'aller voir le rabbin et lui explique tout. Elle lui demande :

– Rabbin, pensez-vous que c'est un signe du Seigneur ? Est-ce que cela signifie que je vais dorénavant avoir de la chance dans ma vie ? Qu'en pensez-vous ?

Le rabbin ne répond pas et semble méditer. Elle insiste :

– Est-ce que le Seigneur vous parle en ce moment, rabbin ?

– Oui... répond-il.

– Et qu'est-ce qu'il vous dit, rabbin ?

– Il m'a dit que ce matin, vous aviez tartiné votre biscotte du mauvais côté !

• **Un papa juif, une maman juive et un enfant juif sont dans un bateau.** L'enfant tombe à l'eau et se noie. Les parents en larmes implorent Dieu de leur rendre leur fils. À force de prières, l'enfant réapparaît miraculeusement à bord. La mère s'adresse alors de nouveau à Dieu :

– Oh, merci mon Dieu ! Merci d'avoir écouté nos prières et de nous avoir rendu... Dis-moi ? Il n'avait pas une casquette quand il est tombé ?

• **– Moïse !** Moïse ! Réveille-toi !

– Quoi...

– Réveille-toi ! C'est le *Titanic*, il coule.

– T'inquiète pas... Il n'est pas à nous, ce bateau.

• **Comment dit-on 100 euros en hébreu ?**

On dit : « Donne ! »

• Quelle est la blague juive la plus courte ?
Combien !?

• Un Juif téléphone à sa mère…
– Allô, maman ?
– Oui, c'est toi mon fils !
– Oui, maman. Comment tu vas ?
– Pas trrrès bien, mon fils…
– Qu'est-ce qu'il y a, tu es malade ? Dis-moi, maman !
– Je suis faible, je ne mange plus…
– Quoi !? Tu ne manges plus ? Mais il faut manger, maman !
– Manger ? Je n'ai pas mangé depuis quatre jours !
– Quatre jours sans manger ! Mais ça va pas, ça ! Pourquoi tu n'as pas mangé depuis quatre jours, maman ?
– Pourquoi ? Tu me demandes pourquoi ? Si je n'ai pas mangé depuis quatre jours, mon fils, c'est parce que je ne voulais pas avoir la bouche pleine la prochaine fois que tu déciderais d'appeler ta mère au téléphone !!!

• Un Juif se rend à la synagogue. En y entrant, il se souvient qu'il a sur lui un billet de 20 euros. Or, shabbat va commencer et il n'aura plus le droit de manipuler de l'argent ! Le Juif ouvre alors le livre de prières et place le billet entre les pages où il est inscrit : « Tu ne voleras point. » Lorsque shabbat est terminé, l'homme retourne récupérer son billet dans le livre de prières, mais malheureusement, le billet ne se trouve plus là où il l'avait dissimulé ! Le Juif parcourt le livre et trouve finalement un billet de 10 euros glissé entre les pages sur lesquelles on peut lire : « Tu partageras ton bien avec ton prochain. »

• Moché se tourne et retourne dans son lit, il ne parvient pas à trouver le sommeil… Il est préoccupé et ses tourments lui font perdre l'envie de dormir. Sarah, sa femme, elle non plus ne parvient pas à s'endormir…
– Arrête de bouger comme ça ! dit Sarah à Moché. Tu

m'empêches de dormir ! Tu as vu l'heure ?
– Je sais… répond Moché. Je suis tracassé, voilà tout !
– Et qu'est-ce que tu as ?
– Ben… Je dois de l'argent à Lévi. Je devais le lui rendre demain, mais je n'ai toujours pas la somme pour le rembourser.
Sarah se lève et décroche le téléphone. Elle appelle Lévi en pleine nuit ! Il décroche…
– Oui… Qu'est-ce que c'est ?
– Lévi ? C'est Sarah, la femme de Moché ! Alors voilà : mon mari te doit de l'argent, non ?
– Oui… Oui.
– Et il doit te rembourser demain, c'est bien ça ?
– Oui !
– Eh bien, l'argent, il ne l'a pas ! Alors, demain, il ne pourra pas te rembourser. Au revoir !
Et elle raccroche.
– Mais qu'est-ce qui t'a pris ! dit Moché. Tu es devenue folle ou quoi ?
– Non, parce que maintenant… toi, tu dors, et lui non !

• **Quelques gros patrons du Sentier se retrouvent dans un hammam…** Soudain, un téléphone portable posé sur le banc sonne. Un patron s'en empare et répond :
– Allô, chéri ! dit une voix féminine à l'autre bout. J'ai repéré un super manteau de vison… Tu es d'accord pour que je me l'achète ?
– Bien sûr ! répond le patron du Sentier avant de raccrocher.
Quelques instants plus tard, le portable sonne de nouveau…
– Au fait ! dit la femme. Je repense au collier de diamant que j'ai essayé, hier… Je me demandais si tu serais d'accord pour me l'offrir ?
– Mais oui ! Achète-le ! répond l'homme qui repose ensuite le téléphone.
À peine dix minutes plus tard, le portable sonne encore…
– Chéri ! Puisque tu es dans un jour de bonté, est-ce que je peux

acheter la petite Mercedes que je t'ai montrée, l'autre jour ?
– Pas de problème ! Tu peux l'acheter !
– Oh, merci !
Le type repose le téléphone et se tourne vers les autres patrons du Sentier :
– Bon ! J'en ai marre de répondre… Il est à qui ce téléphone ?

• **Dans le compartiment d'un train, un Juif d'une vingtaine d'années s'assoit à côté d'un autre Juif, d'environ cinquante ans, occupé à lire la Torah.** Le jeune Juif demande à son voisin :
– Pardonnez-moi, auriez-vous l'heure, s'il vous plaît ?
L'homme feint de ne pas avoir entendu et continue sa lecture.
Le jeune réitère sa question :
– Pardonnez-moi, auriez-vous l'heure, s'il vous plaît ?
L'homme ne répond toujours pas et dédaigne le jeune Juif.
Deux heures plus tard, le jeune arrive à destination. Alors qu'il récupère sa valise et s'apprête à sortir du compartiment, l'autre Juif pose sa torah et dit au jeune homme :
– Il est 16 h 10 !
– Quoi !? Vous ne me répondez que maintenant ! Lorsque je vous ai demandé l'heure, vous ne m'avez même pas regardé !
– Tu veux savoir pourquoi ?
– Oui…
– Imagine… Si je t'avais donné l'heure, nous aurions lié connaissance. Ensuite, on aurait peut-être sympathisés… Et peut-être même que je t'aurais invité à venir me rendre visite chez moi ! Et là, tu aurais rencontré ma fille… Et sûrement qu'ensuite tu aurais voulu l'épouser. Alors, tu ne crois pas que je vais offrir la main de ma fille à un garçon qui ne peut même pas se payer une montre !

• **Un jeune Juif s'étonne de voir sa femme accoucher seulement trois mois après leur mariage...** Il va consulter le rabbin :
– Rabbin, je ne comprends pas : ma femme a accouché seulement trois mois après notre mariage !
– Et alors ?
– Alors, normalement, la conception dure neuf mois, non ? Et nous avons passé notre première nuit ensemble après notre mariage...
Le rabbin réfléchit un instant à une solution pour arranger la situation, puis il demande au jeune Juif :
– Tu as mal calculé, voilà tout !
– Comment ça ?
– Tu vis avec ta femme depuis trois mois, est-ce bien vrai ?
– Oui.
– Elle vit avec toi depuis trois mois, c'est cela ?
– Oui, rabbin !
– Et vous vivez ensemble depuis trois mois ?
– Exact !
– Alors... combien font trois mois plus trois mois, plus trois mois ?

• **Un jeune Juif, parti depuis plusieurs mois terminer ses études en Afrique, téléphone à sa mère...**
– Allô, maman ?
– C'est toi, mon fils ! Pourquoi tu ne m'appelles plus ?
– Mais je t'appelle, maman...
– Comment tu vas, mon fils ?
– Maman, j'ai une nouvelle à t'annoncer.
– Me fais pas attendre, dis-moi !
– Je vais rentrer à la maison !
– Oh, que je suis contente de te revoir, mon fils ! Quand est-ce que tu arrives ?
– Maman... D'abord, il faut que je te dise que... Je me suis marié.

– C'est bien, mon fils, je suis heureuse pour toi !
– C'est vrai ? Il faut que je te dise aussi que... ma femme est arabe.
– Et alors ? Tu as déjà vu des racistes à la maison ? Qu'elle soit noire ou jaune, ça n'a pas d'importance !
– Et... elle a déjà six enfants que j'ai adoptés.
– C'est parfait, c'est bien les familles nombreuses !
– Et puis... Comme elle est musulmane, je me suis converti.
– L'important, c'est que vous soyez heureux !
– Est-ce qu'il y aura de la place pour nous tous à la maison ? demande le fils.
– Bien entendu ! Tu es ici chez toi ! Ton père ira dormir sur le canapé, ton frère ira à l'hôtel et ta sœur restera dans sa chambre d'étudiante.
– Tu es gentille, maman... Et toi, ça va ?
– Moi ? Je raccroche et je meurs !!!

• **Deux Juifs prient assidûment au pied du Mur des lamentations.**
– Mon Dieu ! Faites que je gagne au Loto ! Au moins 4 millions d'euros ! Mon Dieu ! Faites que je gagne au Loto ! Au moins 4 millions d'euros ! dit le premier.
Et le deuxième :
– Mon Dieu ! Faites que mon patron me paye 100 euros cette semaine pour que je puisse nourrir toute ma famille ! Mon Dieu ! Faites que mon patron me paye 100 euros cette semaine pour que je puisse nourrir toute ma famille !
Les deux Juifs prient ainsi côte à côte. Au bout d'un moment, le premier s'interrompt de prier et dit au deuxième :
– Bon ! Tiens, voilà 100 euros ! Maintenant, tu t'en vas et tu laisses Dieu se concentrer !

• **Une maman juive demande à une autre maman juive :**
– Quel âge vos enfants ont-ils, maintenant ?
– Eh bien, le chirurgien a 5 ans et le banquier 8 ans...

• **Samuel a emprunté de l'argent à son père, qui lui compte des intérêts au taux de 9 %.** Samuel demande une explication :
– Dis-moi, tu me comptes 9 % d'intérêts alors que le taux légal est de 6 % ? Ce n'est pas bien, c'est un péché ! Et du ciel, Il te regarde…
– Mon fils, un 9 vu du ciel, c'est un 6 !

• **Un couple qui souhaite se convertir est reçu par un rabbin orthodoxe.** L'homme interroge le rabbin :
– J'ai entendu dire que les hommes et les femmes n'avaient pas le droit de danser ensemble, est-ce vrai ?
– Oui ! dit le rabbin. La décence l'impose ! Hommes et femmes doivent danser séparément.
– Donc, reprend le mari, cela signifie que je ne pourrai plus jamais danser avec ma femme ?
– Absolument.
– J'ai une autre question… À propos des relations sexuelles…
– Je vous écoute…
– Qu'en est-il ? Que pouvons-nous faire ?
– Vous avez bien entendu le droit d'avoir des relations sexuelles avec votre épouse !
– Et… en ce qui concerne les positions… On peut faire ce que l'on veut ?
– Oui, cela ne me regarde pas…
– La position du missionnaire, par exemple ?
– Évidemment.
– La levrette ?
– Pourquoi pas…
– Debout ?
– Ah, non ! Surtout pas ! ça pourrait conduire à la danse…

• **Un touriste se rend à Jérusalem.** Tous les matins et tous les soirs, en sortant de l'hôtel et en y revenant, il passe devant le

Mur des lamentations. Chaque fois, il remarque la présence du même homme qui prie. Un jour, il décide d'aller lui parler…

– Je vous vois prier ici tous les jours, vous venez là depuis longtemps ?

L'homme lui répond :

– Oh oui ! Je viens là depuis près de vingt ans !

– Est-ce que je peux vous demander pour qui ou pour quoi vous priez ? Pardonnez-moi si ma question est trop indiscrète…

– Je prie pour la paix dans le monde, la fin de la guerre, pour que cesse la famine, pour que chacun ait un toit pour dormir ou des médicaments pour combattre la maladie…

– C'est merveilleux ! Et quelle impression cela vous procure-t-il chaque jour de prier ainsi ?

– L'impression de parler à un mur…

Les blondes

• **Une blonde se promène la bouche grande ouverte…** Elle rencontre une copine qui lui demande :
– Que fais-tu la bouche grande ouverte ? Tu sors de chez le dentiste ?
– Non, lui répond la blonde, c'est pour avoir l'haleine fraîche !

• **Dans une station de ski, une blonde sort d'un restaurant avec son assiette à la main, la pose sur la route enneigée, puis attend…** La copine avec qui elle déjeunait sort à son tour et lui demande :
– Mais !? Qu'est-ce que tu fais !
– Ben… J'attends la saleuse !

• **Juste avant de partir travailler, une blonde s'empare d'une bombe insecticide et vaporise l'intérieur de ses chaussures…**
– Pourquoi fais-tu cela ? lui demande son mari.
– C'est pour ne plus avoir de fourmis dans les pieds !

• **Une blonde observe sa copine en train de préparer de la mayonnaise.** Cette dernière s'active avec le fouet, mais la mayonnaise ne prend pas…
– J'en ai marre de cette mayo, elle ne veut pas monter !
– Donne ! Je m'en occupe !
La blonde s'empare alors du bol et s'apprête à quitter l'appartement lorsque sa copine la retient :
– Mais où vas-tu avec la mayonnaise ?
– Ben… Je vais la mettre dans l'ascenseur, pour la faire monter !?

• **Le saviez-vous ?**
C'est une blonde qui a inventé les toilettes turques ! Les Turcs y ont seulement ajouté un trou…

• **Une blonde demande à son mari maçon :**
– Tu pourrais me garder un peu de ciment ?
– Oui… Pour quoi faire ?

– C’est pour mettre en pot, j’aimerais faire de la confiture de murs…

• **Une blonde se prépare à sauter pour la première fois seule en parachute.** L’instructeur lui recommande une dernière fois de bien ouvrir son parachute lorsque l’altimètre indiquera 300 mètres. La blonde saute mais oublie d’ouvrir son parachute à la hauteur recommandée… Lorsqu’elle pense enfin à regarder son altimètre, celui-ci indique : 10, 9, 8, 7 mètres… Et la blonde se dit alors :
– Bof ! Pas la peine d’ouvrir mon parachute pour sauter 3, 2, 1 mètre…

• **Une blonde soupçonnée de vol est arrêtée par la police.**
L’inspecteur lui demande :
– Désirez-vous un avocat ?
– Non merci, je suis au régime !

• **Une blonde est très fière de son nouveau sac à main…**
– T’as vu ? dit-elle à sa copine. Il est beau, non ? Je l’ai payé 2750 euros.
– Hein !? 2750 euros ! Tu t’es fait avoir. En plus, il est tout petit…
– Pas du tout ! Le vendeur m’a dit qu’il était en peau de bite ! Et si tu le frottes un peu… il devient aussi grand qu’une valise !

• **Une femme annonce à sa collègue blonde :**
– Nous allons baptiser notre fille samedi…
– Samedi !? s’exclame la blonde. Quel drôle de nom !

• **Combien y a-t-il de blagues sur les blondes dans ce chapitre ?**
Une ou deux, toutes les autres histoires sont vraies !

• **Une blonde passe un entretien d'embauche.** Le directeur des ressources humaines la fait s'asseoir, puis la blonde fouille dans son sac pour prendre une feuille et un crayon…
– Vous pouvez laisser cela, vous allez devoir répondre oralement à toutes mes questions, lui dit-il. Comment vous appelez-vous ?
– Oralement.

• **Qu'est-ce qu'une blonde avec un demi-cerveau ?**
Un miracle.

• **Qu'est-ce qu'une blonde avec un cerveau ?**
De la science-fiction.

• **Une blonde vient de postuler dans un pressing.**
– L'entretien s'est bien déroulé ? lui demande sa copine.
– Non. Ils m'ont dit qu'il fallait que je repasse, alors je suis partie…

• **Dans un bureau de poste, une blonde fait affranchir un courrier.**
– Cette lettre est trop lourde, lui dit le guichetier, je vais devoir y mettre deux timbres.
– Ah ! Ah ! Ah ! fait la blonde. Vous voulez me faire croire qu'en collant deux timbres au lieu d'un, elle sera plus légère ?

• **Une blonde discute avec sa copine…**
– Ma collègue, elle a vachement de chance : elle a épousé un agriculteur !
– Pourquoi aurait-elle de la chance ?
– Parce qu'elle m'a dit qu'il n'arrêtait pas de la bourrer !

• **Pourquoi y a-t-il autant de blondes à attendre l'ouverture des magasins ?**
Parce qu'on leur a dit que si elles venaient de très bonne heure, il y aurait une grosse queue !

BONJOUR. JE PEUX M'ASSEOIR AVEC VOUS ?
HEU... OUI.
ET VOILÀ...
MERCI... COMBIEN JE VOUS DOIS ?
MAIS NON, LAISSEZ. C'EST POUR MOI !
OUPS, PARDON. JE CROYAIS QUE C'ÉTAIT POUR MOI...
PHARM
CHALVIN

• **Une blonde qui fait ses courses met une boîte d'allumettes dans son Caddie.** Lors de son passage en caisse, la caissière fait remarquer à la cliente :
– Vous avez vu ? La boîte d'allumettes que vous avez prise a été ouverte, elles sont toutes grillées !
– Oui, fait la blonde. J'ai vérifié si elles marchaient bien toutes !

• **Une blonde demande à son petit ami :**
– Comment tu me trouves ?
– Eh bien... Tu es comme une poupée Barbie !
– Ah oui ! Grande et avec une forte poitrine !
– Non. En plastique et sans cerveau...

• **Que plaide une blonde lorsqu'elle se retrouve au tribunal ?**
Non capable !

• **Une blonde qui avait invité des amis à dîner téléphone, paniquée, à une amie :**
– Ils ne viennent finalement pas ! Qu'est-ce que je vais bien pouvoir manger sans eux ?
– Qu'avais-tu prévu de faire ?
– Juste une omelette...
– Eh bien alors ? Pourquoi ne fais-tu pas une omelette ?
– Mais comment pourrais-je faire une omelette sans eux !

• **Une blonde à sa copine :**
– Aujourd'hui, Zorro m'a téléphoné !
– Zorro ?
– Oui, j'ai deviné que c'était lui : c'était un appel masqué !

• **Une blonde de passage dans sa ville natale décide de rechercher un copain de classe qu'elle avait connu en première année de maternelle.** Elle se rend au pied de l'immeuble où il habitait à l'époque et s'adresse au concierge :
– Bonjour monsieur ! Je suis à la recherche d'un copain de

classe. Je ne me souviens pas de son prénom, mais son nom de famille était « Poussin ».
– Non, cela ne me dit rien du tout… lui répond le concierge. Il y a bien un monsieur Coq qui habite au troisième mais…
– Ce doit être lui ! Depuis le temps, il a dû grandir !

• **Une blonde prend le train avec une amie…**
– Le conducteur de ce train est très impressionnant ! s'exclame-t-elle.
– Pourquoi donc ?
– Chaque fois qu'il y a un tunnel, il vise en plein milieu !

• **Une brune à sa copine blonde :**
– Quel est ton signe astrologique ?
– Je sais pas…
– Tu n'as jamais su quel était ton signe ?
– Ah si ! Je me souviens qu'une fois le docteur m'avait dit que j'étais Cancer !

• **Une blonde envoie un texto à son petit copain :** « Ne t'inquiète pas pour ton portable, tu l'as oublié à la maison ! »

• **Une blonde vient d'acheter un nouveau téléphone portable.** Alors qu'elle explore toutes les options de son petit bijou de technologie, la blonde le jette soudainement loin devant elle ! L'appareil retombe et s'explose au sol…
– Mais !? Qu'est-ce qui t'a pris ! s'écrie sa copine.
– Ben… J'essayais le mode avion.

• **Une blonde consulte son nutritionniste et lui demande :**
– Je lave mes jeans à 30 degrés et je prends des bains à 40 degrés… Pouvez-vous m'expliquer pourquoi c'est toujours mes jeans qui rétrécissent et jamais mon cul ?

• **Une blonde attend depuis plus de deux heures devant un passage piétons…** Les voitures s'arrêtent pour la laisser passer, mais jamais elle ne se hasarde à traverser. Une femme qui l'a remarquée se décide à aller lui parler…
– Bonjour, mademoiselle ! Vous souhaitez que l'on vous aide à traverser ? Vous avez un problème ?
– Non, merci ! Je vais traverser, mais il faut que j'attende.
– Vous attendez quoi au juste ?
– Un monsieur m'a dit qu'ici, il fallait que je traverse avec Prudence. Alors j'attends Prudence… Ce n'est pas vous au moins ?

• **Une blonde a de nouveau été recalée à son permis de conduire.** Elle téléphone à sa meilleure copine, une blonde elle aussi…
– J'ai encore loupé mon permis ! lui annonce-t-elle.
– Flûte ! Tu as fait une bêtise ?
– En approchant d'un rond-point, il y avait un panneau « 30 ». Alors j'ai fait trente fois le tour du rond-point !
– Oh là là ! Et tu t'es trompée de combien de tours ?

• **Une blonde et son mari entrent dans un grand magasin pour faire leurs achats de Noël.** Ils souhaitent notamment gâter leurs trois enfants, qui ont été très sages toute l'année. Le mari demande à une vendeuse :
– Pardonnez-moi, pouvez-vous nous indiquer où se trouve le rayon enfants ?
Et sa femme blonde s'écrie alors :
– Ah non ! On en a déjà trois à la maison !

• **Une blonde consulte son médecin traitant :**
– Docteur, quand je me plie en deux et que je reste ainsi la tête en bas pendant dix minutes, puis que je me relève, j'ai la tête toute rouge !
– C'est normal, dit le docteur, le sang s'accumule dans la tête

lorsque vous la mettez en bas.
– Ah mais alors, pourquoi mes pieds ne sont pas tout rouges ? Ils sont toujours en bas ?
– C'est parce que vos pieds ne sont pas vides…

• **Une blonde annonce à sa mère :**
– Maman, je suis enceinte !
– Oh ! Et de combien ?
– De six.
– Déjà six mois !
– Non, de six. Bernard, François, Xavier…

• **Une blonde se rend dans une pharmacie…**
– Vous auriez un insecticide ? demande-t-elle au pharmacien.
– Un insecticide ?
– Oui, le docteur m'a dit que je n'avais rien, juste peut-être un peu de cafards…

• **Une mère demande à sa fille blonde de sortir acheter un sac d'artichauts.** Une heure plus tard, elle revient avec un sac plastique qu'elle tend à sa mère…
– Mais !? Je t'avais demandé de me ramener un sac d'artichauts ?
– Bah oui ! C'est bien ça ! Faut mettre le sac sur le radiateur ou au four pour avoir un sac DARTY chaud !

• **Quel point commun y a-t-il entre une blonde et un sapin de Noël ?**
Tout le monde a le droit d'y mettre ses boules…

• **Fait divers :**
Une blonde est morte d'une méningite. Une idée lui est passée par la tête.

• **Dans une classe, la maîtresse explique que l'oxygène a été découvert au XVIIIe siècle.** Une fille blonde lève la main et demande :
– Mais comment ils faisaient avant pour respirer ?

• **C'est le premier jour de classe d'une jeune institutrice blonde...**
– Bonjour les enfants ! Allez, ouvrez tous vos ardoises page 12 !

• **Une blonde emprunte un ascenseur et appuie sur tous les boutons jusqu'au 9e étage.** Une personne montée en même temps qu'elle s'agace :
– Ça vous amuse d'appuyer sur tous les boutons ?
– Bah non !
– Alors pourquoi faites-vous cela ?
– Je vais au 9e ! Je ne peux pas aller au 9e étage sans passer par les précédents, imbécile !

• **Une tribu de cannibales est en train de faire cuire une touriste blonde dans une marmite.** L'un d'eux reste près d'elle et ne cesse de la piquer avec une fourchette...
– Arrête de la piquer ! lui dit un autre membre de la tribu, tu abîmes la viande !
– Oui, mais dès que j'arrête de la piquer, elle bouffe les patates !

• **Quelle différence y a-t-il entre une blonde qui mâche du chewing-gum et une vache qui rumine ?**
Il y a une lueur d'intelligence dans les yeux de la vache.

• **Un homme très riche téléphone à sa femme blonde :**
– Chérie, des inspecteurs vont venir à la maison pour contrôler mes biens ! Fais en sorte de tout mettre à ton nom !
Trois heures plus tard, le mari rentre chez lui...
– Alors, ils sont venus ? demande-t-il inquiet à sa femme.
– Oui, ils ont tout contrôlé, mais rassure-toi, j'ai mis ce qui vaut

le plus cher à mon nom !
– Ouf ! Comment as-tu fait ?
– Ben… Pour tous les tableaux de Renoir, de Picasso, de Dali et le Van Gogh, j'ai pris du détergent, j'ai effacé les signatures et avec un feutre noir j'ai écrit « Samantha » !

• **Qu'est-ce qu'une blonde avec une étiquette de Kronenbourg collée sur le front ?**
Une blonde alcoolique qui s'est mis un patch pour arrêter de boire…

• **Une blonde vient de passer son permis pour la troisième fois.**
– Alors ! Tu l'as eu cette fois-ci ? lui demande sa copine.
– Je ne sais pas.
– Comment ça, tu ne sais pas ?
– Ben… L'examinateur ne m'a rien dit !
– Il ne t'a rien dit ?
– Non, il a été conduit directement à l'hôpital.

• **Une blonde fait construire deux piscines dans son jardin…**
– Pourquoi deux piscines ? lui demande l'un des ouvriers.
– Ben… Une pour nager, et l'autre sans eau dedans pour ceux qui ne savent pas nager !

• **Pourquoi une blonde qui faisait des ricochets se retrouve-t-elle dans l'eau ?**
Parce qu'elle a oublié de lâcher le caillou.

• **Quel est le comble pour une blonde ?**
C'est d'être belge…

• **Quand les blondes se servent-elles de l'eau dans une assiette ?**
Lorsqu'elles veulent boire de l'eau plate !

• **Dans la rue, deux blondes remarquent des flammes qui s'échappent de la fenêtre d'un immeuble…**
– Vite, il faut appeler les pompiers ! Il y a le feu dans cet appartement !
– C'est quoi le numéro ?
– Compose le 18 !
– J'peux pas, mon clavier ne va que jusqu'à 9 ?
– Bah… T'as qu'à taper deux fois le 9 !

• **Une blonde annonce sa grossesse à une copine…**
– Quand connaîtras-tu le sexe du bébé ? lui demande cette dernière.
– Mais enfin, c'est une fille !
– Tu en es certaine ?
– Bah oui !
– Mais comment fais-tu pour connaître le sexe de l'enfant en début de grossesse ?
– Tu ne sais pas ça, toi ? C'est simple : quand c'est la maman qui porte le bébé, c'est une fille. Et quand c'est le papa, c'est un garçon !

• **Qu'est-ce qu'une blonde qui boit de l'eau ?**
Une gourde.

• **Deux blondes se promènent dans la rue lorsque l'une d'elles trouve un billet de 100 euros par terre…**
– Hiiiiii ! J'ai trouvé 100 euros ! Je vais pouvoir m'acheter des nouvelles chaussures !
– Je suis ta meilleure copine, tu pourrais partager ?
– Tu as raison… lui répond-elle en déchirant le billet en deux.

• **Une maman blonde se confie à son médecin…**
– L'autre jour, j'ai trouvé des préservatifs sous le lit de ma fille. Vous en pensez quoi, docteur ?
– J'en pense que vous devriez lui en parler.
– Oui mais quand même, je ne savais pas qu'elle avait un zizi !

• **Quelle est la plus atroce des punitions pour une petite fille blonde ?**
C'est de lui dire d'aller au coin dans une pièce qui est ronde…

• **Qu'est-ce qu'une blonde dans un avion ?**
C'est une conne de moins sur terre.

• **Une blonde est en extase devant le jardin potager d'un jardinier…**
– Mais comment faites-vous pour avoir des radis aussi gros ! lui demande-t-elle.
– C'est simple : je sème des graines de betterave !

• **Deux blondes passent des vacances en camping-car.** Malheureusement, l'ampoule plafonnier du véhicule grille, il faut la remplacer…
– Tu as déjà changé une ampoule, toi ? demande l'une à sa copine.
– Non.
Elles sortent de leur camping-car et se renseignent auprès de leurs voisins.
– Ce doit être une ampoule qui se visse, leur expliquent-ils. Il suffit de la dévisser, dans le sens contraire des aiguilles d'une montre, et ensuite de la remplacer par une neuve !
Les blondes rejoignent leur camping-car…
– T'as compris ce qu'il fallait faire ?
– Oui, c'est facile ! Toi, tu tiens bien l'ampoule, et pendant ce temps, je vais au volant du camping-car pour le faire tourner dans le sens contraire des aiguilles d'une montre !

• **Quel point commun y a-t-il entre les blondes et les rails de chemin de fer ?**
Les deux se font clouer au sol.

• **Que fait une blonde à l'université?**
Le ménage!

• **Deux blondes sont en panne au bord de la route.** Un paysan qui passait par là avec son tracteur s'arrête à leur niveau et leur demande:
– Vous voulez que je vous tire?
– Plus tard! Pour le moment on cherche quelqu'un pour nous remorquer!

• **Pourquoi les blondes retournent-elles les gâteaux d'anniversaire?**
Pour ne pas avoir de fumée dans les yeux après avoir soufflé les bougies!

• **Deux blondes font une balade nocturne…**
– Il est super gros le soleil! dit l'une en admirant le ciel.
– Mais non, c'est la lune!
– T'es sûre?
– Non…
Deux autres blondes passent près d'elles. Elles les interpellent:
– Pardonnez-nous, pouvez-vous nous dire si ce que l'on voit est le soleil ou bien la lune?
– Pardonnez-nous, répondent les deux autres blondes, mais on n'est pas d'ici!

• **Quelle différence y a-t-il entre une tomate et une blonde?**
On ne sait pas laquelle des deux est un légume.

• **Quelle différence y a-t-il entre les boules du Loto et les blondes?**
Les blondes se font tirer plus souvent.

• **Une blonde se présente à son premier cours de badminton en tenant un veau en laisse.**
– Mais qu'est-ce que c'est que ce veau ! s'écrie le prof.
– Ben… Vous m'aviez demandé de venir avec un veau lent.

• **Une blonde se confie à une amie…**
– Depuis que l'on m'a dit que j'étais une bombe, j'ai trop peur d'exploser !

• **Une blonde pilote un petit avion.** Alors qu'elle se présente au-dessus de l'aéroport de Saint-Cyr, la tour de contrôle lui demande :
– Veuillez indiquer votre position et votre hauteur !
Et la blonde répond :
– Bonjour ! Je suis assise et je mesure 1,65 mètre !

• **En faisant du rangement dans son grenier, une blonde découvre une lampe magique…** Elle la frotte, et aussitôt, un génie en sort ! Le génie dit à la blonde :
– Merci de m'avoir délivré ! Pour vous remercier, je vous accorde deux vœux que j'exaucerai immédiatement !
– Génial ! fait la blonde.
– Quel est votre premier vœu ?
– Heu… Je voudrais un flacon de vernis à ongles rose qui ne se vide jamais !
Instantanément, un flacon de vernis à ongles rose apparaît. La blonde s'en empare et commence à se vernir les ongles des doigts de pied. Une demi-heure plus tard, alors qu'elle se vernit maintenant ceux des mains, le génie commence à s'impatienter…
– Bon, vous avez fini ? J'attends que vous me prononciez votre second vœu !
– Un instant ! fait la blonde. Je teste le vernis, je ne voudrais pas me faire avoir sur la marchandise !
– Bien… Alors, il vous plaît ?

– Oui… Il est super.
– Dans ce cas, puis-je connaître votre second vœu ?
– Attendez ! Il faut que je vérifie que ce n'est pas une arnaque et que le flacon ne se vide jamais !
La blonde verse alors le contenu du flacon sur le sol, et aussitôt, il se remplit miraculeusement. Elle le vide une seconde fois, et de nouveau il se remplit de vernis rose. Elle le vide une troisième fois et…
– Bon, ça suffit maintenant ! crie le génie. J'attends, moi ! Vous êtes satisfaite, oui ou non ?
– Oui, parfaitement. Le vernis est génial et vous avez raison, le flacon ne se vide jamais !
– Alors, s'il vous plaît… Quel est votre second vœu ?
La blonde réfléchit un instant et dit :
– Euh… Ben… Je voudrais un second flacon de vernis rose !

• **Une blonde téléphone pour trouver du travail…**
– Allô ! Pourrais-je parler à Paul, s'il vous plaît ?
– Paul qui ?
– Paul Emploi.

• **– Tu connais la différence entre un âne et une blonde ?**
– Non.
– Moi non plus…

• **Une blonde pose une devinette à une copine :**
– Qu'est-ce qui est vert, qui vole et qui a trois têtes ?
– Heu… Je sais pas !
– Moi non plus…

• **Comment une blonde qui saisit un texte sur un ordinateur fait-elle pour le passer en italique ?**
Elle penche l'ordinateur !

• **Une secrétaire surprend sa collègue blonde en train de jeter de l'huile sur l'écran de son ordinateur…**
– Mais tu es devenue folle ! Qu'est-ce que tu fais !
– Le patron m'a dit de passer le texte en gras !

• **Dans un bureau, une secrétaire blonde demande à sa collègue :**
– Tu peux me prêter ton briquet, s'il te plaît ? J'ai oublié le mien…
– Mais je ne fume pas ! Tu t'es mise à fumer, toi ?
– Non, c'est pour allumer l'ordinateur.

• **Une blonde à une collègue :**
– Mon téléphone est naze !
– Ah bon ? Il pourrait peut-être se réparer ?
– Non, je ne pense pas. J'ai téléphoné à un réparateur, il m'a dit que mon écran devait être gelé. Alors j'ai mis le téléphone dans le micro-ondes…

• **Une blonde amène ses deux chats au vétérinaire.** Ce dernier commence par ausculter la chatte et annonce à sa propriétaire :
– Mademoiselle, votre chatte est enceinte ! Vous allez avoir des petits chatons…
– Quoi !? Mais c'est impossible, ma chatte ne sort jamais de la maison !
– Et celui-ci ! dit le vétérinaire en désignant l'autre chat de la blonde, c'est bien un mâle, non ?
– Mais enfin ! Vous n'y pensez pas ? C'est son frère !

• **Pourquoi les blondes ne donnent-elles jamais de nom à leur chat ?**
Parce qu'on leur a dit qu'il fallait toujours appeler un chat « un chat ».

• Quel point commun y a-t-il entre les blondes et les imprimantes ?
Elles se trouvent canon mais ce n'est qu'une impression…

• Que fait une blonde qui adopte un petit Chinois ?
Elle prend vite des cours de chinois avant que le bébé ne commence à parler !

• Une blonde souhaite se lancer dans l'élevage de poulets.
Elle achète une ferme, fait construire un bâtiment pour l'élevage, puis achète une première bande de 1 000 poussins. Quelques jours plus tard, la blonde contacte le vendeur de poussins et lui annonce :
– C'est une catastrophe, tous les poussins sont morts !
– Quoi ?
– Oui, tous !
– Écoutez, fait le vendeur, cela n'est absolument pas normal. Peut-être étaient-ils malades quand je vous les ai amenés ? Je n'y crois pas, mais on ne sait jamais… Comme vous débutez dans la profession et que vous avez besoin d'aide, je prends tout à ma charge et je vais tous vous les remplacer !
Le vendeur procure donc à la blonde une nouvelle bande de poussins. Quelques jours plus tard, la blonde téléphone de nouveau à son vendeur :
– Je ne sais pas ce qui se passe, tous les poussins sont encore morts !
– Quoi ! C'est incroyable, ils étaient pourtant en parfaite santé ! Je vous conseille de désinfecter à fond votre bâtiment avant de continuer à élever des poulets…
La blonde désinfecte son bâtiment, puis commande une nouvelle bande de 1 000 poussins. Malheureusement, quelques jours plus tard, la blonde contacte de nouveau le vendeur :
– Je n'en peux plus ! C'est un vrai carnage, tous les poussins sont encore crevés !
– Je ne sais plus quoi vous dire… Avez-vous une idée de

pourquoi ils meurent comme ça ?
– Non, je ne sais pas… répond la blonde. Peut-être que je les plante trop profond ou bien trop serré ?

• **Deux brunes et une blonde travaillent sous la direction d'une femme.** Tous les mardis, elles remarquent que leur patronne s'en va plus tôt. Une des deux brunes propose alors :
– Puisqu'elle s'en va plus tôt, pourquoi ne partirions-nous pas, nous aussi ? L'une d'entre nous resterait ici pendant que les deux autres rentreraient chez elles ? Comme ça, si elle téléphone, celle qui reste pourra répondre et couvrir les deux autres !
– Excellente idée ! répondent les deux autres.
Le mardi suivant, après le départ de la patronne, une brune décide de rester pendant que les deux autres s'empressent de rentrer à leur domicile respectif. La blonde est tout heureuse de rentrer plus tôt et de retrouver son mari adoré qui l'attend à la maison. Elle pénètre chez elle sans bruit pour lui faire la surprise et, en poussant doucement la porte de sa chambre, voit son mari au lit avec sa patronne ! Toujours sans bruit, la blonde sort de chez elle et revient en courant jusqu'à son bureau. La brune restée sur place s'étonne :
– Mais pourquoi reviens-tu ?
– C'est la dernière fois que je m'en vais plus tôt ! J'ai bien failli me faire piquer !

Les questions cons

Ceux qui ne savent ni lire ni écrire trouvent-ils les nouilles en forme de lettres aussi bonnes ?

• • •

Comment Donald peut-il avoir des neveux alors qu'il n'a ni frères ni sœurs ?

• • •

Adam avait-il un nombril ?

• • •

On dit que les pattes de lapin portent chance. Ont-elles réellement porté chance aux lapins ?

• • •

En nage synchronisée, si une des nageuses se noie, les autres se noient-elles aussi ?

• • •

Nous aimons le jus de pomme, le jus d'orange, le jus d'abricot… Boirait-on autant de lait si on l'appelait « jus de vache » ?

• • •

Quand on se fait photographier aux côtés de Mickey à

Eurodisney, le type qui est à l'intérieur sourit-il ?

•••

Comment le panneau « Interdit de marcher sur la pelouse » a-t-il été planté au milieu de la pelouse ?

•••

Comment fait-on pour dormir sur ses deux oreilles ?

•••

Qui gagne dans un concours de circonstances ?

•••

Pourquoi fabrique-t-on des étiquettes de vêtements qui grattent autant ?

•••

Un daltonien peut-il réussir un Rubik's Cube ?

•••

Franchement... Court-on plus vite « ventre à terre » ?

•••

Les saumons fumés risquent-ils d'attraper le cancer du poumon ?

•••

Les gens qui ont échappé à la mort disent avoir vu toute leur vie défiler devant leurs yeux. Qu'en est-il des aveugles ? Entendent-ils juste une bande-son ?

•••

Que font les sourds-muets pour se dire des secrets ? Ils mettent des moufles ?

•••

Quand mon chien m'apporte mes pantoufles, pense-t-il que je sens mauvais des pieds ?

•••

Puisqu'il y a autant de morts sur les routes, pourquoi ne pourrait-on pas rouler sur les trottoirs ?

•••

Lorsqu'une voiture roule, l'air à l'intérieur des pneus tourne-t-il ?

•••

Pourquoi « séparé » s'écrit-il en deux mots et « tous ensemble » en deux mots séparés ?

•••

On dit parfois de quelqu'un qu'il a une jambe plus courte que l'autre… Pourquoi ne dit-on jamais qu'il a une jambe plus longue que l'autre ?

•••

Existe-t-il un langage des pieds pour les muets manchots ?

• • •

Pourquoi faut-il stériliser l'aiguille qui va servir à l'euthanasie ?

• • •

Pourquoi la laine rétrécit-elle au lavage et pas les moutons quand il pleut ?

• • •

Si un borgne « consomme à l'œil », devient-il aveugle ?

• • •

Pourquoi les femmes qui se mettent du mascara ouvrent-elles systématiquement la bouche ?

• • •

Quel peut être le diamètre d'un cercle vicieux ?

• • •

Pourquoi serrer les fesses au moment où le dentiste vous pique avec la seringue ?

• • •

Pourquoi le mot « abréviation » est-il si long ?

• • •

Si une voyante vous demande qui vous êtes, est-ce réellement une voyante ?

•••

Pourquoi les livreurs de pizza arrivent-ils plus vite à la maison qu'une ambulance ?

•••

Si l'on se perd dans le désert, peut-on attendre sans bouger jusqu'à ce que de la mousse nous pousse sur les jambes pour savoir où se trouve le nord ?

•••

Étant donné qu'un chat retombe toujours sur ses pattes et qu'une tartine beurrée retombe toujours du côté du beurre, de quel côté retomberait une tartine attachée sur le dos d'un chat ?

•••

De quelle couleur devient un caméléon lorsqu'il se regarde dans un miroir ?

•••

Si l'on s'aperçoit que certains livres rendent con seulement après les avoir lus, n'est-on pas devenu trop con pour porter un jugement sur ces livres ?

•••

Un cul-de-jatte peut-il être con comme ses pieds ?

•••

Si l'on accroche un petit sapin parfumé sur l'arbre de Noël, ce dernier va-t-il sentir l'auto ?

•••

Comment les sourds peuvent-ils savoir que l'on parle d'eux s'ils n'ont pas les oreilles qui sifflent ?

•••

Lorsqu'on traverse et que le petit bonhomme passe au rouge, faut-il faire demi-tour si on n'a pas traversé plus de la moitié de la chaussée ?

•••

Si l'on faisait les poissons d'avril au mois de décembre, ne pourrait-on pas ainsi attraper plus de gens ?

•••

Si l'on rêve que l'on dort pendant que l'on dort, faut-il se réveiller deux fois ?

•••

Que comptent les moutons pour s'endormir ?

•••

Êtes-vous pour ou contre la taxe carbone sur la crémation ?

•••

Peut-on prendre l'avion avec une bombe sexuelle ?

•••

Ceux qui n'ont pas de savoir-vivre meurent-ils plus vite ?

•••

Pourquoi les GPS ont-ils une voix féminine alors que les femmes n'ont aucun sens de l'orientation ?

•••

Pourquoi les savons de couleur ont-ils une mousse blanche ?

25 idées pour emmerder ses voisins !

1. Vos voisins de palier ont le cœur fragile ? Supprimez la sonnette de votre porte d'appartement et remplacez-la par une corne de brume de supporter !

2. Et mince… Le tube de mayonnaise est périmé. Rien ne se perd, tout se recycle ! Videz son contenu dans la boîte aux lettres de votre voisin !

3. Adressez à votre voisin un faux courrier de la mairie lui notifiant que sa maison est désormais classée en zone inondable et qu'une mesure d'expropriation sera bientôt prononcée à son encontre.

4. Remplissez un pistolet à eau d'huile ou de vin rouge. La cible ? Le linge que la voisine fait sécher…

5. Votre voisin a passé tout son dimanche à bichonner sa voiture. Elle brille comme si elle sortait du garage ! Dans une bassine, mélangez de la terre avec de l'eau puis, la nuit venue, jetez la boue sur sa voiture !

6. La boîte aux lettres de votre voisin est encore toute grasse de la mayonnaise que vous y aviez versée ? Pour vous faire pardonner et réparer votre bêtise, rincez-la en vidant une bouteille d'eau dedans. Juste après le passage du facteur, cela va de soi !

7. Si vous avez la chance de sentir des pieds, laissez vos chaussures devant votre porte pour que vos voisins de palier en profitent !

8. Le 1er avril, n'accrochez pas dans le dos de votre voisin des petits poissons découpés dans du papier… Soyez plus original : clouez des sardines sur sa porte !

9. Les nuits de gel, versez de l'eau froide sur le pare-brise de votre voisin qui, le lendemain matin, devrait passer un très long moment à le dégeler !

10. Les pigeons sont comme ça : on leur donne des graines à manger, ils vous laissent des fientes. Déposez-leur tous les jours des graines sur le capot de la voiture de votre voisin !

11. Il y a deux avantages à faire fonctionner votre sèche-linge ou lave-vaisselle la nuit : c'est plus économique et cela empêche vos voisins de dormir !

12. Vous haïssez votre voisin ? Prenez des cours de musique à domicile pour maîtriser l'art de faire grincer un violon.

13. Afin d'effrayer les enfants de vos voisins, pendez un Père Noël par le cou à votre balcon !

14. Vous êtes invité à dîner chez votre voisin ? Pensez à cirer le dessous de vos chaussures de manière à bousiller toute sa moquette !

15. Oups ! Arrivé sur le palier de votre porte, vous vous apercevez avoir marché dans une crotte de chien… C'est le moment de tester le beau paillasson de votre voisin !

16. Lorsque vous partez en vacances, et si vous habitez un appartement, posez votre réveil au sol et programmez-le pour qu'il sonne, le volume réglé au maximum, tous les matins à 6 heures… Votre voisin du dessous sera ravi !

17. Les tomates de votre voisin sont maintenant devenues bien rouges. C'est le moment de mettre un petit panneau visible depuis la rue : *« Potager solidaire. Servez-vous ! »*

18. Photographiez la maison de votre voisin et mettez-la en vente sur le site du boncoin.fr, à un prix modique et avec la mention *« urgent pour cause de séparation »*. Laissez son numéro de téléphone pour qu'il soit submergé d'appels. Avec un peu de chance, vous pourriez même déclencher une dispute de couple…

19. Passez une petite annonce sur un site ou dans un journal pour offrir gracieusement une chambre d'étudiant.. chez votre voisin ! Donnez son adresse et demandez aux personnes intéressées de se présenter dimanche matin, sans prendre rendez-vous, à partir de 6 h 30.

20. Supprimez le paillasson de votre voisin ! Dès qu'il en aura acheté un autre, remettez l'ancien en place !

21. Ne jetez plus le jus des moules ! Recouvrez le fond d'une assiette plate d'un film plastique, versez dessus le jus des moules d'une épaisseur de quelques millimètres, puis mettez le tout au congélateur. Une fois congelé, le jus des moules se transformera en un disque que vous pourrez faire glisser, le plus loin possible, sous la porte de votre voisin…

22. Envoyez une carte postale anonyme à votre voisin non pas chez lui, mais à son travail et à l'adresse du service des ressources humaines. Sachant que la carte sera vue et lue par tous avant de lui parvenir, choisissez-la bien et réfléchissez bien à ce que vous allez écrire…

23. Le jour de la fête des voisins, faites une trêve, enterrez la hache de guerre. En signe d'apaisement, préparez-leur un bon gâteau ! Avec du laxatif dedans…

24. Lancez une pétition dont votre voisin est l'initiateur et distribuez-la dans toutes les boîtes aux lettres du quartier.

Exemples de pétitions : « Pour l'abaissement de l'âge légal de la majorité sexuelle à 8 ans » ; « Pour la suppression du droit de vote aux Noirs » ; « Pour que les femmes n'aient plus le droit de travailler et restent au foyer ».

25. Excédé par votre harcèlement, votre voisin a fini par céder : il a déménagé. Un nouveau vient de le remplacer, il vous faut bien l'accueillir ! Et comme il vaut mieux prévenir que guérir, une petite intimidation devrait le maintenir tranquille… Glissez anonymement dans sa boîte aux lettres la citation suivante :

« Un bon voisin est un voisin mort. »
Pierre Desproges

People & actualité

• **Un journaliste interviewe Nabilla…**
– Pouvez-vous nous donner des nouvelles de Thomas ? Comment va-t-il ?
– Allô ! Allô ! Non mais allôpital, quoi !

• **Les représentations de l'hypnotiseur Michel Mesmer ont été interrompues.** Lors de son dernier spectacle, après avoir hypnotisé tout le public, Messmer a fait rire tout le monde en disant « riez », a fait applaudir tous les spectateurs en ordonnant « applaudissez », a fait taper du pied tout le public en demandant « tapez des pieds »… Malheureusement, Messmer a soudainement trébuché. Il est tombé lourdement sur le sol en criant : « Merde ! » Les représentations reprendront dès que la salle sera nettoyée…

• **Quelle différence y a-t-il entre Mathieu Valbuena et un crocodile ?**
Aucune, ils ont une grande gueule et de petits bras.

• **Comment Michael Schumacher rassemble-t-il ses esprits ?**
En raclant le fond de son casque de ski…

• **Un journaliste interviewe Nabilla…**
– Puis-je vous interroger sur cette période douloureuse où vous avez séjourné en prison ?
– Ah non ! Arrêtez de remuer le couteau dans la plaie…

• **Qu'est-ce qu'une petite fille vierge en Syrie ?**
Une petite fille qui court plus vite que les djihadistes.

• **Quel point commun y a-t-il entre les sœurs Kardashian et un professeur de mathématique ?**
Le professeur de mathématique a fait moins d'opérations…

• **Quelle différence y a-t-il entre Rocco Siffredi et François Hollande?**
Rocco Siffredi ne peut enculer qu'une personne à la fois.

• **Thierry Ardisson interviewe Jérôme Cahuzac:**
Est-ce que suisser c'est tromper?

• **Que fait Nabilla lorsqu'elle se rend à la plage?**
Bah... Elle va à l'eau quoi!

• **Quelle est la dernière chose qui est passée par la tête de Michael Schumacher?**
La caméra GoPro fixée sur son casque!

• **Un Français, un Américain, un Israélien et un Palestinien sont dans un avion qui perd soudainement de l'altitude.** Le Français dit:
– Pour l'honneur de mon pays!
Et le Français saute dans le vide, permettant ainsi à l'avion de se délester un peu de son poids. L'Américain s'approche à son tour et dit:
– Pour l'honneur de mon pays!
Et l'Américain saute dans le vide, permettant ainsi à l'avion de reprendre un peu d'altitude. Le Palestinien s'approche aussi et dit:
– Pour l'honneur de mon pays!
Et il jette l'Israélien dans le vide...

• **Saviez-vous que Nabilla n'aime pas les plans Q?** Elle préfère le plan T...

• **Le Premier ministre grec Alexis Tsipras, le président russe Vladimir Poutine et le président roumain Klaus Iohannis sont convoqués par Dieu.**
– Alexis Tsipras! Tu vois cette bille?

– Oui…
– Tu diras à ton peuple qu'il doit rembourser sa dette, autrement je lâche la bille et vous serez exclus de l'Union européenne ! Et c'est la Macédoine qui prendra le contrôle de la Grèce !
– Oui, Dieu. Je vous en fais la promesse.
Dieu reçoit maintenant le président russe…
– Vladimir Poutine ! Tu vois cette bille ?
– Oui…
– Tu vas cesser de déployer tes chars dans tous les pays, autrement je lâche cette bille et c'est l'Ukraine et les opposants à Bachar el-Assad qui prendront le contrôle de la Russie !
– Oui, Dieu. Je vous en fais la promesse.
C'est maintenant au tour du président roumain de se faire sermonner :
– Klaus Iohannis ! Tu vois cette bille ?
– Oui…
– Tu feras en sorte que les jeunes Roumaines ne soient plus envoyées en France pour voler dans le métro parisien, autrement je lâche cette bille et tu devras rembourser sur tes deniers personnels tout ce qui a été volé !
– Oui, Dieu. Je vous en fais la promesse.
Les trois hommes d'État sont ensuite renvoyés sur terre. Le président roumain éclate alors de rire.
– Vous trouvez ça drôle ? lui dit Vladimir Poutine. Moi pas !
– Vous avez bien compris ce qu'il va nous arriver s'il lâche sa bille ? demande AlexisTsipras.
– Oui, parfaitement !
– Alors pourquoi ça vous fait marrer ?
– Je rigole parce que… je lui ai piqué sa bille !

• **Les seins de Nabilla étaient en plastique, peut-être seront-ils un jour en taule…**

• **Un petit Syrien demande à un Turc :**
– C'est quoi l'esclavage ?

– Tais-toi ! Quand tu parles, tu pédales moins vite et la lumière de l'atelier baisse d'intensité !

• **Qu'est-ce qui est masqué, qui a une cape et qui s'envole ?** Une femme syrienne sur une mine antipersonnel !

• **Un otage s'adresse à un de ses geôliers :**
– Il faut que je voie un docteur…
– Pourquoi ?
– Je ne sais pas ce que j'ai, je ne peux plus bouger les jambes !
– Tu vois ! lui répond son geôlier, je t'avais bien dit qu'un jour tu finirais par oublier les chaînes que tu as autour des jambes !

• **La prof d'histoire-géo demande à Nabilla :**
– Tu connais la Corée ?
– Juste les premiers pas !

• **Une femme téléphone aux pompiers…**
– Venez vite, il y a eu un attentat à la voiture piégée !
– Où ça ? demande le pompier.
– Avenue de la Liberté.
– Est-ce qu'il y a des victimes ?
– Oui, un piéton qui passait à côté du véhicule lorsqu'il a explosé.
– Et où se trouve la victime actuellement ?
– Avenue de la Liberté, place de la République, avenue du Général de Gaulle…

• **Juste avant qu'on lui tranche la tête, un otage hurle :**
– Je ne suis pas coupable !
– On va vérifier ça tout de suite… lui répond le djihadiste.

• **Un enfant syrien dont l'embarcation a chaviré parvient miraculeusement à rejoindre la côte grecque…** Il sort de l'eau à quatre pattes et se dirige vers une famille de touristes qui se

dore au soleil. La femme crie à l'intention de ses enfants qui s'amusent dans le sable :
– Qui n'a pas mangé ?
– Moi… Moi… Moi… fait le petit Syrien épuisé tout en rampant vers elle.
– C'est bien, lui dit la maman. Si toi aussi, tu n'as pas mangé, tu peux aller te baigner !

• **Comment les New-Yorkais font-ils pour traverser la route ?**
En regardant à gauche, à droite puis en haut.

• **Qu'y aurait-il de pire que l'attentat chez Charlie Hebdo ?**
Un attentat dans les locaux du magazine *Notre temps* ou de *Modes & Travaux*, nous nous sentirions obligés de les acheter…

• **Nabilla décède et arrive au paradis où elle est reçue par saint Pierre.**
– Bonjour belle demoiselle, qui êtes-vous ?
– Nabilla, star de la télé-réalité.
– Il me faudrait une preuve ! En trente minutes, j'en ai déjà deux qui se font passer pour Einstein et quatre pour Nelson Mandela.
– Qui ça ?
– OK, bienvenue Nabilla.

• **En cas de nouvel attentat, quels journaux pourraient battre le record de vente de Charlie Hebdo ?**
Lui ; *Playboy*…

• **Un journaliste interviewe Nabilla :**
– Que pensez-vous de tous ces migrants qui, au péril de leur vie, s'embarquent dans des bateaux de fortune pour échapper à la guerre ?
– À l'eau ? Non mais à l'eau, quoi !

• **Un djihadiste à un autre :**
– Je viens de violer une chrétienne, ça fait trop du bien !
– Raconte-moi un peu ! Elle avait des gros seins ?
– Énormes !
– Et son cul ?
– Un très beau cul.
– Elle était blonde ou bien brune ?
– Ah ça, je ne sais pas, elle n'avait plus de tête…

• **Qu'est-ce qui est petit, blanc et qui est au fond de la mer ?**
Un enfant syrien.
Et qu'est-ce qui est petit, noir et qui flotte ?
Le même enfant quelques jours plus tard.

• **Thomas a donné rendez-vous à Nabilla.** Au bout d'une heure d'attente, il faut se rendre à l'évidence : elle l'a planté…

• **Pourquoi beaucoup de migrants ont-ils les yeux bleus ?**
Parce qu'ils ont la tête remplie d'eau.

• **Un sans-papiers en provenance du Mali tente d'immigrer clandestinement.** Pour cela, un passeur lui propose de lui vendre de faux papiers d'identité. Le pauvre Malien n'ayant pas de photo d'identité sur lui, le passeur lui propose de choisir une photo dans un catalogue. Le Malien jette un œil et montre une photo du doigt :
– Tu es sûr de vouloir celle-là ? s'étonne le passeur.
– Oui ! Oui !
– C'est celle de Leonardo DiCaprio ? Tu es noir et lui est blanc !
– Je veux lui !
Le passeur réalise les faux papiers, et quelque temps plus tard, le Malien se retrouve arrêté à la frontière. Le douanier examine ses papiers… Il se retourne vers l'un de ses collègues et lui demande :
– Dis-moi ! Le *Titanic*… il a coulé ou il a brûlé ?

- **Un type rentre chez lui complètement bourré...**

– Chérie ! Ça existe des corbeaux d'environ 1,60 mètre ?
– Bien sûr que non !
– Ah bah merde ! J'ai dû écraser une femme en burqa...

Drôles de couples...

• **Une jeune fille flirte tout l'été avec un étudiant en droit.** L'année suivante, ils se retrouvent sur leur lieu de vacances et l'étudiant devenu avocat est surpris de constater que la jeune femme a un enfant…
– Tu as eu un bébé ?
– Oui. Et je peux même t'avouer qu'il est de toi.
– Mais tu ne m'as rien dit ?
– Non. Nous en avons parlé en famille et nous sommes tous rapidement tombés d'accord : il est préférable d'avoir un petit bâtard dans la famille qu'un avocat !

• **Un type se confie à un copain…**
– Quand j'ai épousé ma femme, c'était un thon…
– Et maintenant ?
– Maintenant qu'elle a pris du poids, c'est une tonne !

• **Un verre de Ricard à la main, un homme un peu bourré dit :**
– Je t'aime… Je n'ai jamais cessé de t'aimer et je t'aimerai toujours…
– Ça, c'est le Ricard qui parle ! lui répond sa femme.
– Mais pas du tout, c'est moi qui parle au Ricard !

• **Une femme demande à son mari :**
– Comment définirais-tu l'amour que tu me portes ?
– Ben… C'est un peu comme une drogue, lui avoue-t-il.
– Tu ne peux pas te passer de moi !
– Non, tu me ruines…

• **Un homme rentre chez lui après une journée éreintante de travail.** Il demande à sa femme :
– Tu veux pas me faire une petite pipe ? Ça me détendrait…
– Bien entendu, mon chéri ! Tu n'as qu'à te soulager dans un verre, je le boirai demain matin !

• **Une femme se rend chez son assureur…**
– Mon mari décédé, je souhaite percevoir le capital décès !
– Oui mais… votre mari n'était assuré que contre l'incendie ?
– Je sais, je viens de le faire incinérer !

• **Un couple regarde le pape donner une messe retransmise à la télé.**
– Je ne vois que peu de différence entre toi et lui, dit la femme à son mari.
– Ah bon ?
– Oui. Le pape, c'est sacré. Et toi, tu es un sacré con !

• **Un type avoue à un collègue :**
– Ma femme est une fée…
– Tu dois avoir bien de la chance !
– Pas vraiment… elle me fait marcher à la baguette !

• **Depuis qu'elle est enceinte, un homme soupçonne sa femme de rajouter de l'eau dans son whisky pour qu'il boive moins.** Il a un drôle de goût… Pour en être certain, il fait analyser son whisky dans un laboratoire. Quelques jours plus tard, il va chercher les résultats :
– Il n'y a aucun doute, monsieur : votre femme est bien enceinte. Par contre, il faut qu'elle arrête de boire : on a retrouvé du whisky dans ses urines !

• **Un type pas très beau réalise l'exploit de ramener une fille, pas très belle non plus, chez lui.** Ils sont tous les deux très timides…
– Tu veux boire quelque chose ?
– Non, merci. Je voudrais que tu me pèses.
– Ah ?
Le garçon part dans sa salle de bain et revient avec un pèse-personne. Il invite ensuite la fille à monter dessus et elle s'exécute.

– Tu fais 70 kilos ! C'est plus que moi... Oh, pardon ! T'es sûre que tu ne veux pas boire quelque chose ? Un Coca Light, par exemple ?
– Non, merci. J'aimerais que tu me pèses, c'est tout.
Le garçon demande alors de nouveau à la fille de monter sur la balance.
– Tu fais toujours 70 kilos. Tu sais, si tu as un problème avec ça, on peut en parler...
– Non, au contraire ! Je veux vraiment que tu me pèses.
– Bon. Eh bien... Remonte sur le pèse-personne.
Et c'est ainsi que plusieurs fois dans la soirée, le garçon pèse la fille, toujours à sa demande. La fille finit par prendre congé et se retire chez elle. Le lendemain, elle croise une copine avec qui, la veille, elle était en boîte.
– Alors ? Ta soirée avec ce mec, c'était bien ?
– Pof... Bas pien du tout. C'était vraiment parpant comme soirée !

• **Un type dit à un copain :**
– Hier soir, ma femme et moi, nous nous sommes disputés !
– Mince... Et comment la dispute s'est-elle terminée ?
– Comme d'habitude : elle s'est mise à genoux !
– Ah ! Ah ! Ah ! C'est bien, ça ! Et qu'est-ce qu'elle t'a dit ?
– Comme d'habitude : « Maintenant, sors de sous le lit ! »

• **Une femme part en vacances avec sa meilleure amie.**
– Comment t'organises-tu pour tout le temps te faire offrir des voyages par ton mari ?
– C'est simple : je lui dis que je le quitte et que je rentre habiter chez ma mère ! Et à chaque fois, il me donne de l'argent pour que j'achète mon billet d'avion...

• **Un jeune homme et une jeune femme se marient à l'église.** À la fin de la cérémonie, le curé dit discrètement au jeune homme :
– N'oubliez pas de faire une offrande…
– Ah oui ! fait le jeune marié. Mais… combien faut-il donner ?
– Les gens donnent ce qu'ils veulent. En général, le marié donne en fonction de la beauté de son épouse. Plus elle est belle, plus il donne une somme importante…
Le jeune marié se retourne vers sa femme, la dévisage un court instant, puis plonge sa main dans sa poche et en retire une pièce de 50 centimes qu'il tend au prêtre…
– Tenez…
L'homme d'Église prend la pièce et dit au marié :
– Ne bougez pas, je vais chercher de quoi vous rendre la monnaie…

• **Une femme rentre d'une semaine passée en thalassothérapie.** Tout heureuse d'avoir perdu du poids, elle annonce fièrement à son mari :
– Chéri, en une semaine, j'ai fondu de moitié !
Et son mari lui rétorque :
– Tu aurais dû rester une semaine de plus…

• **Un homme traumatisé par sa toute petite voix de jeune fille se rend chez un ORL.** Ce dernier lui conseille de se faire fabriquer un concombre en or et de le sucer matin, midi et soir pendant un mois. L'homme commande donc la réalisation d'un concombre en or chez un bijoutier. Quelques jours plus tard, pendant sa pause déjeuner, l'homme va chercher son concombre chez le bijoutier, puis passe le déposer chez lui avant de repartir travailler. Lorsqu'il rentre le soir, il ne trouve plus son concombre en or… De sa toute petite voix, il demande :
– Chérie ! Je ne trouve plus mon concombre en or !?
Et une grosse voix lui répond :
– Dans le tiroir !

• **Un couple voyage en voiture et se fait la tête depuis son départ…** Alors qu'ils passent devant un champ où se trouvent des ânes, l'homme dit à sa femme :
– Tiens ! De la famille à toi ?
– Oui ! Enfin… par alliance !

• **Une femme se rend chez un médecin qui l'a convoquée pour lui parler de son mari…**
– Madame, votre mari a la santé extrêmement fragile. Il faut que vous soyez pleine d'attention pour lui. Le matin, préparez-lui son petit déjeuner et apportez-le-lui au lit. Il faut qu'il puisse se réveiller en douceur, sans aucune contrariété. Préparez-lui des bons petits plats toujours bien équilibrés. C'est très important pour sa circulation sanguine… Achetez-lui le journal pour lui éviter d'aller le chercher, installez-le confortablement devant la télévision. Il a besoin de repos. Plus de stress ! S'il souhaite faire l'amour, évitez ! C'est très mauvais pour son cœur… S'il insiste, faites une fellation, il n'aura pas à se dépenser physiquement. Soyez toujours aimable avec lui, souriez-lui, faites-le rire un peu, mais pas trop ! Il faut lui remonter le moral. Massez-le deux ou trois fois par jour, cela le relaxera…
Lorsque la femme rentre chez elle, son mari lui demande :
– Alors ? T'as vu le docteur ? Qu'est-ce qu'il t'a dit ?
– Il a dit que tu allais mourir !

• **Un couple se dispute…**
– Ça fait quinze ans que nous sommes mariés et je crois que pas une fois, en quinze ans de mariage, tu as été d'accord avec moi ! dit le mari.
– Tu as totalement tort, répond sa femme, nous sommes mariés depuis seize ans !

IL Y A 9 ANS, VOUS AVEZ PRÉDIT QUE J'AURAI UN MARI ET AU MOINS CINQ ENFANTS.
C'EST POSSIBLE... QU'EN EST-IL ?
JE VOULAIS VOUS DIRE QUE J'AI DÉJÀ HUIT ENFANTS !
MERVEILLEUX ! ET QU'AIMERIEZ-VOUS SAVOIR MAINTENANT ?
BEN LE MARI... JE L'AURAI QUAND ?
CHALVIN.

• **Un mari décide de prendre les choses en main et de rétablir l'ordre dans son couple.** Sur un ton très autoritaire, il dit à sa femme :
– Écoute-moi bien… Dorénavant, c'est moi qui commande à la maison ! Quand tu veux sortir, tu me demandes ! Quand je te dis de nettoyer, de laver, de repasser ou encore de faire à manger, tu nettoies, laves, repasses et fais à bouffer sans discuter et sans me demander de l'aide ! C'est ton boulot ! Compris ? De plus, lorsque je rentrerai le soir, devine qui me fera couler un bain ? Lorsque je regarderai la télévision, devine qui m'apportera un verre de bière fraîche ? Devine qui me fera un massage relaxant des épaules ? Hein ! Voilà. Et encore une dernière chose : dès demain matin, devine qui va m'habiller et me coiffer ?
Et sa femme lui répond :
– L'employé des pompes funèbres…

• **Un homme vient se rendre au commissariat :**
– Arrêtez-moi ! Mettez-moi vite en prison ! Je viens de tirer sur ma femme…
– Vous avez tiré sur votre femme !?
– Oui ! Et après je l'ai poignardée ! Mettez-moi vite en prison, s'il vous plaît !
– Elle est morte ?
– Parce que vous croyez que si elle était morte, je serais venu me réfugier ici ?

• **Un homme souffre terriblement des pieds et a les plus grandes difficultés du monde à marcher.** Un ami lui demande :
– Il faut que tu fasses quelque chose pour tes pieds. Tu as consulté un podologue ?
– Non, pas besoin, je sais ce que j'ai…
– Qu'est-ce que tu as ?
– Mes chaussures sont trop petites…
– Attends ! Si tu as des problèmes d'argent au point de ne pas

pouvoir t'acheter une paire de chaussures à ta taille, je peux t'aider !
– Non, je fais exprès de les choisir deux tailles en dessous…
– Mais pourquoi ?
– Pourquoi ? Parce que ma femme veut me quitter… Parce qu'elle veut garder la maison et que je risque de me retrouver sans logement… Parce qu'elle va partir avec mes enfants… Parce qu'elle ne s'occupe plus de rien, même pas de faire à manger… Alors, quand je rentre chez moi le soir et que j'enlève mes chaussures… quel bonheur !

• **Un couple de jeunes mariés se couche.** Le mari éteint la lumière et ne parvient pas à s'endormir. Il demande à sa femme :
– Dis-mois, tu as connu beaucoup d'hommes avant moi ?
La femme ne répond pas…
– Tu dors ?
Silence… Le mari insiste :
– Tu as connu combien d'hommes avant moi ?
La femme ne répond toujours pas. Une heure plus tard, le jeune marié demande à nouveau :
– Tu n'en as pas connu beaucoup des hommes, hein ?
Pas de réponse… Deux heures plus tard, le mari ne parvient toujours pas à trouver le sommeil :
– Hep ! Tu dors ou pas ? T'as connu combien d'hommes avant moi ?
La femme lui répond enfin :
– Mais enfin, tu vas te taire ? Je suis en train de compter !

• **Une femme vient d'accoucher.** La sage-femme fait la toilette du bébé, puis le dépose dans son berceau.
– Regardez ! dit-elle à la maman. Une fois couché, il ne bouge plus !
Et la maman lui répond :
– Tout le portrait de son père !

• **Une femme d'une cinquantaine d'années revient de chez l'esthéticienne, de chez le coiffeur et d'une séance de bronzage.** À son retour, son mari ne lui fait que des compliments…

– Tes cheveux… Si je regarde tes cheveux, je te donne 20 ans !
– C'est gentil de me dire ça…
– Oui ! Si je regarde ton visage, je te donne… 30 ans !
– Merci ! Quel compliment !
– Si je regarde ta peau… 25 ans !
– Arrête ! Tu vas finir par me faire rougir !
– Non mais attends ! Je n'ai pas encore fait l'addition !

Mots d'esprit

• « **Strangers in the night!** Syphilis in the morning. »
Gaspard Proust

• « **De tous ceux qui n'ont rien à dire, les plus agréables sont ceux qui se taisent.** »
Coluche

• « **On n'insistera jamais assez sur les inconvénients que présente l'abus de cyanure de potassium dans l'alimentation des nouveau-nés.** »
Alphonse Allais

• « **On dira ce qu'on voudra, mais c'est une sacrée veine d'avoir de la chance.** »
Sim

• « **L'avantage d'être intelligent, c'est qu'on peut toujours faire l'imbécile, alors que l'inverse est totalement impossible.** »
Woody Allen

• « **Dans le dico, à côté du mot "syphilis" c'est marqué "voir index".** J'ai regardé mes doigts. J'ai rien. »
Régis Hauser

• « **Il y a deux sortes de femmes:** celles qui sont jeunes et jolies, et celles qui me trouvent bien. »
Sacha Guitry

• « **Il faut avoir le courage de reconnaître que le nazisme a commis des erreurs.** Envahir la Pologne au lieu de la Suisse, c'est comme habiter en face de la Banque centrale et braquer le kebab. »
Gaspard Proust

• **« À vaincre sans péril, on évite des ennuis ! »**
René Goscinny

• **« Les femmes seraient charmantes si on pouvait tomber dans leurs bras sans tomber dans leurs mains. »**
Ambrose Bierce

• **« La Joconde sourit parce que tous ceux qui lui ont dessiné des moustaches sont morts. »**
André Malraux

• **« J'adore les langues étrangères.** Surtout celles des filles. »
Coluche

• **« J'ai très longtemps voulu faire prêtre.** Mais j'étais trop timide pour aborder les enfants. »
Gaspard Proust

• **« Le téléphone a ceci de génial, c'est qu'on ne sent pas la mauvaise haleine de votre interlocuteur. »**
Woody Allen

• **« Les curés se consolent de n'être pas mariés quand ils entendent les femmes se confesser. »**
Armand Salacroix

• **« Prouver que j'ai raison serait accorder que je puis avoir tort. »**
Beaumarchais

• **« Les filles sont comme les pianos.** Quand elles ne sont pas droites, elles sont à queue. »
Benny Hill

• « **Les filles, c'est comme les limaces.** Elles doivent bien servir à quelque chose, mais à quoi ? »
Bill Watterson

• « **J'ai arrêté le cinéma le jour où j'ai compris que c'est Robert Redford qui aurait la fille.** »
Cary Grant

• « **Si dans chaque homme, il y a un cochon qui sommeille, le mien doit souffrir d'insomnie.** »
Sim

• « **Parfois, je regarde la télé toute la journée, c'est chiant !** Mais quand je l'allume, c'est pire. »
Patrick Timsit

• « **On appelle famille un groupe d'individus unis par le sang et brouillés par des questions d'argent.** »
Édouard Rey

• « **L'asperge est le poireau du riche.** »
Francis Blanche

• « **Certains ne sont jamais seuls, ils sont toujours accompagnés de leur connerie.** »
Arletty

• « **Pour que le vin fasse du bien aux femmes, il faut que ce soient les hommes qui le boivent.** »
Catherine Bugnard

• « **Ne pouvant pas supprimer l'amour, l'Église a voulu au moins le désinfecter, et elle a fait le mariage.** »
Charles Baudelaire

• « **L'alcool conserve les cornichons :** les intelligents levez la main, les autres venez boire un coup ! »
Coluche

• « **À 20 ans, t'es fraîche comme la rosée du matin.** À 35, comme la bouteille de rosé ! »
Florence Foresti

• « **Si seulement Dieu pouvait me faire un signe !** Comme faire un gros dépôt à mon nom dans une banque suisse. »
Woody Allen

• « **Les architectes dissimulent leurs erreurs sous du lierre, les médecins sous la terre et les cuisinières sous de la mayonnaise.** »
George Bernard Shaw

• « **Les imbéciles pensent que tous les Noirs se ressemblent.** Je connais un Noir qui trouve, lui, que tous les imbéciles se ressemblent. »
Philippe Geluck

• « **Si le nez de Cléopâtre avait été plus long, Jules César se serait piqué le ventre.** »
François Cavanna

• « **Y'a des gens qui ont des enfants parce qu'ils n'ont pas les moyens de s'offrir un chien.** »
Coluche

• « **J'ai bien de quoi m'asseoir, mais je ne sais pas où le mettre.** »
Francis Blanche

• « **Avant je buvais pour connaître des gens.** Maintenant, je bois pour les oublier. »
Françoise Sagan

• « **Après l'amour, la femme baigne dans le ravissement, alors que l'homme cherche un prétexte pour rentrer chez lui.** »
Frédéric Dard

• « **Comme disait Jeanne d'Arc en grimpant au bûcher :** l'essentiel c'est d'être cru. »
Frédéric Dard

• « **Une banque vous prête un parapluie quand il fait beau et vous le reprend quand il pleut.** »
George Bernard Shaw

• « **Mieux vaut boire trop de bon vin qu'un petit peu de mauvais.** »
Georges Courteline

• « **Je devais être bourré le jour où j'ai décidé d'arrêter de boire !** »
Jacques Dutronc

• « **La seule arme qui m'intéresse, c'est le tire-bouchon.** »
Jean Carmet

• « **Si on renverse "canoë", ça donne "ënoac".** Par contre, quand on renverse "kayak", ça reste "kayak". Mais de toute façon, on tombe à la flotte. »
Philippe Geluck

• « **Je me suis déjà mis à la place d'un handicapé, surtout à celle de parking.** »
Gaspard Proust

• **« Si les points de suspension pouvaient parler, ils pourraient en dire des choses et des choses… »**
Pierre Dac

• **« Ce n'est pas parce que je suis paranoïaque qu'ils ne sont pas tous après moi. »**
Pierre Desproges

• **« Si la femme était bonne, Dieu en aurait une. »**
Sacha Guitry

• **« La charité chrétienne m'a appris qu'il ne fallait jamais rester indifférent devant un pauvre qui tend la main.** Moi, je la lui serre toujours. »
Sim

• **« On n'a jamais vu un aveugle dans un camp de nudistes. »**
Woody Allen

• **« Passer pour un idiot aux yeux d'un imbécile est une volupté de fin gourmet. »**
Georges Courteline

• **« Beethoven était tellement sourd que, toute sa vie, il a cru qu'il faisait de la peinture. »**
François Cavanna

• **« Dieu a fait le monde en cinq jours.** Ensuite, il a fait le con. »
Frédéric Dard

• **« Dieu a enlevé une côte à Adam pour créer Ève et Ève a fait manger la pomme à Adam.** C'est fou ça, on ne donne pas à manger à quelqu'un qui vient d'être opéré ! »
Jean Yanne

• « **Elle respire la vertu, mais elle est vite essoufflée.** »
Georges Feydeau

• « **Quand on ne travaillera plus le lendemain des jours de repos, la fatigue sera vaincue.** »
Alphonse Allais

• « **Nous vivons une société beaucoup trop permissive.** Jamais encore la pornographie ne s'était étalée avec une telle impudeur. Et en plus, les films sont flous ! »
Woody Allen

• « **Le monde est ainsi fait, il y a des hommes et des femmes, et on les distingue au fait que les femmes ont des salaires plus faibles que les hommes, et des seins plus gros.** »
Jean Yanne

• « **J'ai gardé des preuves pour montrer que j'ai toujours payé mes impôts :** regardez, j'ai gardé les chèques ! »
Laurent Ruquier

• « **On est gouvernés par des lascars qui fixent le prix de la betterave et qui ne sauraient pas faire pousser des radis.** »
Michel Audiard

• « **Il est possible de tout faire dans la vie, absolument n'importe quoi, mais jamais avec n'importe qui.** »
Olivier de Kersauson

• « **Si l'argent n'achète pas l'amour, ça facilite nettement les négociations.** »
Oscar Wilde

• **« Après l'amour le premier qui parle dit toujours une connerie. »**
Patrick Sébastien

• **« Si le plus grand plaisir des hommes, c'est de se payer le corps des femmes, je comprends que le plus grand plaisir des femmes soit de se payer la tête des hommes. »**
Sacha Guitry

• **« J'ai découvert un soir un nouveau contraceptif oral :** j'ai demandé à une femme de coucher avec elle et elle m'a répondu non. »
Woody Allen

• **« Deux personnes mariées peuvent fort bien s'aimer à condition de ne pas être mariées ensemble. »**
Sacha Guitry

• **« Forts du vieux proverbe qui prétend que seuls ceux qui ne font rien ne se trompent jamais, un nombre croissant de nos concitoyens éliminent par l'inaction tout risque d'erreur. »**
Philippe Bouvard

• **« La différence entre un artiste et une paire de chaussures, c'est que l'artiste doit pouvoir partir avant de lasser, tandis que les chaussures il vaut mieux les lacer avant de partir. »**
Philippe Geluck

• **« On croit souvent qu'un appartement est bas de plafond, alors qu'il est tout simplement haut de plancher. »**
Pierre Dac

• **« La célébrité, c'est pas facile à assumer.** Je ne vois rien de pire ! Si, peut-être l'anonymat… »
Guy Bedos

• **« Elle a les jambes comme l'Arc de triomphe, mais son poilu n'est pas inconnu. »**
Henri Jeanson

• **« Aucun homme ne devrait se marier avant d'avoir étudié l'anatomie et disséqué au moins une femme. »**
Honoré de Balzac

• **« Le mariage permet de résoudre à deux les problèmes qu'on ne se posait pas tout seul. »**
Tristan Bernard

• **« Si les prévenus l'étaient à temps, le banc des accusés serait vide ! »**
Pierre Dac

• **« Ma femme et moi, nous nous entendons parfaitement ;** je n'essaie pas de diriger sa vie et je n'essaie pas de diriger la mienne. »
Pierre Desproges

• **« Tout homme est présumé innocent jusqu'à ce qu'il soit élu. »**
Laurent Ruquier

• **« Aujourd'hui je n'ai pas les moyens d'avoir un yacht qui fasse mon bonheur…** Mis à part au Scrabble ! »
Patrick Sébastien

• **« Il est quelquefois préférable de ne pas savoir ce qu'on dit que de dire ce qu'on ne sait pas. »**
Pierre Dac

• « **Y'a pas de grands, y'a pas de petits.** La bonne longueur des jambes, c'est quand les pieds touchent bien par terre. »
Coluche

• « **Il était si con que, lorsqu'il disait quelque chose d'intelligent, il se retournait pour voir si ce n'était pas un autre.** »
Georges Wolinski

• « **J'ai un ami qui est moitié portugais, moitié juif.** Il est concierge… mais l'immeuble lui appartient ! »
Jackie Mason

• « **Dépourvue d'âme, la femme est dans l'incapacité de s'élever vers Dieu.** En revanche, elle est en général pourvue d'un escabeau qui lui permet de s'élever vers le plafond pour faire les carreaux. C'est tout ce qu'on lui demande. »
Pierre Desproges

• « **Le mariage est comme le restaurant :** à peine est-on servi qu'on regarde dans l'assiette du voisin. »
Sacha Guitry

• « **Les stars mettent des lunettes noires pour ne pas être vues.** Moi, je les enlève pour passer incognito. »
Jacques Dutronc

• « **Ce n'est pas parce qu'on a soif d'amour qu'il faut se jeter sur la première gourde.** »
Noctuel

• « **Si l'avortement est un meurtre, la branlette c'est quoi, un génocide ?** »
Jean-Marie Bigard

• « **Le verbe aimer est un des plus difficiles à conjuguer :** son passé n'est pas simple, son présent n'est qu'indicatif et son futur est toujours conditionnel. »
Jean Cocteau

• « **Un pédicure est un spécialiste qui s'occupe des oignons des autres.** »
Jean Cazalet

• « **Le fermier qui aura réussi à croiser une dinde avec un kangourou aura créé la première volaille que l'on puisse farcir de l'extérieur.** »
François Cavanna

• « **Le plus beau compliment que je puisse faire à une femme est de lui dire :** "Je suis aussi bien avec toi que si j'étais tout seul." »
Jean Yanne

• « **Certains croient que le génie est héréditaire ;** les autres n'ont pas d'enfants. »
Marcel Achard

• « **Il est encore plus difficile de trouver une aiguille dans une botte de foin quand elle est tombée autre part.** »
Sim

• « **Ève s'emmerdait au paradis, elle ne pouvait même pas fouiller dans les poches de son mari.** »
Jean Yanne

• « **Le chercheur qui a mis au point des clones de moutons s'est finalement endormi.** »
Laurent Ruquier

• **« Non seulement Dieu n'existe pas mais en plus il est impossible de trouver un plombier le dimanche. »**
Woody Allen

• **« Une de perdue, un de...** tout seul. »
Gad Elmaleh

• **« La vie m'aura servi de leçon.** Je ne recommencerai pas. »
Frédéric Dard

• **« Les hommes naissent libres et égaux en droit.** Après ils se démerdent. »
Jean Yanne

• **« Lorsque vous portez une paire de bottes, vous ne vous heurtez jamais à un meuble.** Mais, si vous vous promenez nu-pieds, tout le mobilier se jette sur vous et vous frappe. »
Jerome K. Jerome

• « **Borgne :** un infirme qui n'a droit qu'à un demi-chien. »
Jules Renard

• **« Si vous avez besoin de quelque chose, appelez-moi.** Je vous dirai comment vous en passer. »
Coluche

• **« Quand on a la santé, c'est pas grave d'être malade. »**
Francis Blanche

• **« Une femme s'inquiète de l'avenir jusqu'à ce qu'elle ait trouvé un mari, tandis qu'un homme ne s'inquiète de l'avenir que lorsqu'il a trouvé une femme. »**
George Bernard Shaw

• « **Il y a deux sortes de femmes :** celles qui trompent leur mari… et celles qui disent que ce n'est pas vrai ! »
Maurice Donnay

• **« Tout corps plongé dans une baignoire reçoit un coup de téléphone. »**
Francis Blanche

• **« Si les pédérastes sont beaucoup plus souvent sujets aux torticolis que les autres individus, c'est parce qu'ils veulent absolument s'embrasser sur la bouche en faisant l'amour. »**
François Cavanna

• **« Le nombre des publicités vantant les produits pour faire grossir les seins est plus important que le nombre de publicités invitant les dames à se cultiver. »**
Jean Yanne

• **« Qu'est-ce que je me serais ennuyé si je n'avais pas été là ! »**
Jules Renard

• **« Avec toutes les saloperies qu'il y a dans l'alimentation, heureusement qu'il nous reste l'alcool pour oublier qu'on mange. »**
Laurent Ruquier

• **« Quand les hirondelles volent bas, les souris dansent parce qu'elles se sont trompées de proverbe. »**
François Cavanna

• **« Le jour de ton mariage, n'oublie pas de dire à ta femme que si elle veut conserver la brillance de son alliance, elle doit impérativement la laver dans de l'eau de vaisselle au moins trois fois par jour ! »**
Jean Yanne

• **« On a toujours tort d'essayer d'avoir raison devant des gens qui ont toutes les bonnes raisons de croire qu'ils n'ont pas tort ! »**
Raymond Devos

• **« La force des femmes n'est pas dans ce qu'elles disent mais dans le nombre de fois qu'elles le disent. »**
Marcel Achard

• **« Il ne m'est jamais venu à l'esprit de traiter les femmes comme mes égales.** Quelle femme aimerait être traitée comme l'égale d'un gros barbu, vieux et soupe au lait ? »
Jean Yanne

• **« D'après les experts, la Terre se réchauffe…** enfin un geste pour les sans-abri ! »
Laurent Ruquier

• **« Le drame avec la vie, c'est qu'on n'en sort pas vivant. »**
Michel Audiard

• **« La grippe, ça dure huit jours si on la soigne et une semaine si on ne fait rien. »**
Raymond Devos

• **« Pour le week-end, nous avons voulu faire les châteaux de la Loire.** Malheureusement, ils étaient déjà faits. »
Francis Blanche

• **« L'appétit vient en mangeant, la soif s'en va en buvant. »**
Rabelais

• **« Le bois de Boulogne est le seul endroit où, quand tu donnes un coup de pied dans un buisson, il te le rend. »**
Popeck

• « **Pour les missiles antimissiles, il y a les impôts.** Pour le cancer, on fait la quête. »
Pierre Desproges

• **« Les Français m'agacent prodigieusement, mais comme je ne connais aucune langue étrangère, je suis bien obligé de parler avec eux. »**
Michel Audiard

• **« En Bretagne, la pluie ne mouille que les cons. »**
Olivier de Kersauson

• **« Si vous avez les yeux plus gros que le ventre, vous n'êtes pas près de trouver une paire de lunettes. »**
Pierre Dac

• « **C'est tout petit un trou de souris…** On s'en aperçoit bien quand elle lève la queue. »
Patrick Sébastien

• **« Si on portait ses chaussures à la main plutôt qu'aux pieds, elles s'useraient moins vite. »**
Pierre Dac

• « **Expérience :** nom dont les hommes baptisent leurs erreurs. »
Oscar Wilde

• **« Rien n'est plus dangereux qu'une idée quand on n'en a qu'une. »**
Pablo Picasso

• « **Je suis capable du meilleur et du pire.** Mais dans le pire, c'est moi le meilleur. »
Coluche

• « **Il a passé la nuit au commissariat.** Il avait 3 grammes d'alcool dans le sang. Quand il est rentré, sa femme a gueulé. Il a été obligé d'y retourner. Il avait oublié son képi. »
Patrick Sébastien

• « **Il vaut mieux prendre ses désirs pour des réalités que de prendre son slip pour une tasse à café.** »
Pierre Dac

• « **Dieu a créé les seins pour nourrir les enfants et on y met des prothèses pour nourrir les docteurs.** »
Patrick Sébastien

• « **Dieu a fait l'homme à son image, c'est rassurant, ça veut dire qu'il aime le foot.** »
Patrick Timsit

• « **Je n'aimerais guère vivre dans la lune, ça m'embêterait de changer de quartier, tous les neuf jours.** »
Francis Blanche

• « **Quand je vois le Christ en croix, les bras m'en tombent.** »
Paul Claudel

• « **Dans les rues, je suis fasciné par tous ces bipèdes qui tiennent miraculeusement debout en gardant leur équilibre sans jamais céder à la facilité de se déplacer à quatre pattes.** »
Philippe Bouvard

• « **J'ai vu dans ma vie autant de gens mauvais qui ne fument pas que de gens bons fumer.** »
Philippe Geluck

• **« L'intelligence militaire est une contradiction dans les termes. »**
Groucho Marx

• **« Un politicien ne peut faire carrière sans mémoire, car il doit se souvenir de toutes les promesses qu'il lui faut oublier. »**
Frédéric Dard

• **« Pour devenir officier, il faut avoir été sous-officier.** Pour devenir marin, il n'est pas nécessaire d'avoir été sous-marin. »
Philippe Geluck

• **« Il vaut mieux qu'il pleuve aujourd'hui plutôt qu'un jour où il fait beau ! »**
Pierre Dac

• **« Le sexe masculin est ce qu'il y a de plus léger au monde, une simple pensée le soulève ! »**
Frédéric Dard

• **« Si tu étais plus belle, je me serais déjà lassé.** Tandis que là, je ne m'y suis pas encore habitué. »
Raymond Devos

• **« Si votre patron vous fait des avances, profitez-en pour lui en demander une. »**
Yvan Audouard

• **« Un gentleman est un monsieur qui sait jouer de la cornemuse, mais qui s'en abstient. »**
Woody Allen

• **« À l'éternelle triple question demeurée sans réponse :** "Qui sommes-nous ? D'où venons-nous ? Où allons-nous ?" je réponds : "Je suis moi, je viens de chez moi et j'y retourne." »
Pierre Dac

• **« Ce serait raciste de penser que les étrangers n'ont pas le droit d'être cons. »**
Coluche

• **« Le voisin est un animal nuisible assez proche de l'homme. »**
Pierre Desproges

• **« Pour ceux qui vont chercher midi à quatorze heures, la minute de vérité risque de se faire longtemps attendre. »**
Pierre Dac

• « **Garages :** établissements devant lesquels l'automobiliste passe quand il roule et loin desquels il se trouve lorsqu'il est en panne. »
Pierre Daninos

• **« Pour lutter contre le mal de mer, sucez une noix de muscade (sans l'avaler, c'est toxique).** Si vous n'avez pas de noix de muscade, allez-y en bicyclette. »
Pierre Desproges

• **« Chez nous, on mangeait à la carte.** Celui qui tirait l'as de pique mangeait. »
Woody Allen

• **« Une canne à pêche est un bâton avec un crochet à un bout et un imbécile à l'autre. »**
Samuel Johnson

• **« Pourquoi, en vacances, s'obstine-t-on à choisir douze cartes postales différentes alors qu'elles sont destinées à douze personnes différentes ?** »
Sacha Guitry

• **« Le jour de la mort de Brassens, j'ai pleuré comme un môme.** Alors que – c'est curieux – mais, le jour de la mort de Tino Rossi, j'ai repris deux fois des moules. »
Pierre Desproges

• **« À en croire une terrifiante statistique sur l'inégalité devant la mort, si j'étais un ouvrier, je ne serais déjà plus de ce monde.** Ce qui ne constituerait pas une grande perte pour la société, vu que je ne sais rien faire de mes dix doigts. »
Philippe Bouvard

• **« Quand j'étais petit à la maison, le plus dur c'était la fin du mois…** Surtout les trente derniers jours ! »
Coluche

• **« Certains hommes n'ont que ce qu'ils méritent ;** les autres sont célibataires. »
Sacha Guitry

• **« Je suis suffisamment intelligent pour ne pas savoir que je suis un imbécile.** »
Sim

• **« Le crocodile est une chaussure qui bâille de la semelle.** »
Ramón Gómez de la Serna

• **« Ce matin, je suis allé chez le toubib :** j'avais envie de tirer la langue à quelqu'un. »
Régis Hauser

• « **Six mois de cachot ça paraît très long mais j'ai trouvé une combine :** en dormant douze à treize heures par jour je n'ai fait que trois mois effectifs. »
Roland Magdane

• « **Je n'aime pas être chez moi.** À tel point que lorsque je vais chez quelqu'un et qu'il me dit : "Vous êtes ici chez vous", je rentre chez moi ! »
Raymond Devos

• « **Quand je suis dans l'eau, j'ai des idées.** Quand j'en suis sorti, je sèche. »
Roger Pierre

• « **Si l'amour est aveugle, il faut palper.** »
Coluche

• « **Elle m'avait dit un jour :** Chéri, est-ce que tu savais qu'oroscope, idrogène, ipocrite et arpie ne sont pas dans le dictionnaire ? »
Sacha Guitry

• « **L'autre jour, au café, je commande un demi.** J'en bois la moitié. Il ne m'en restait plus. »
Raymond Devos

• « **Je suis en faveur de la coutume qui veut qu'un homme baise la main d'une femme la première fois qu'il la voit.** Il faut bien commencer par un endroit quelconque. »
Sacha Guitry

• « **Si j'étais Dieu, je serais peut-être le seul à ne pas croire en moi.** »
Serge Gainsbourg

• « **Ce que je regarde d'abord chez une femme, c'est si la mienne me surveille.** »
Patrick Sébastien

• « **Dans les accidents de chemin de fer, c'est toujours le dernier wagon le plus dangereux.** C'est pour cela qu'on l'a supprimé. »
Pierre Dac

• « **Par politesse, je n'ai jamais cédé ma place assise à une personne âgée.** C'est une façon de lui faire comprendre qu'elle est encore jeune. »
Sim

• « **Se coucher tard nuit.** »
Raymond Devos

• « **Les hommes sont toujours sincères.** Ils changent de sincérité, voilà tout. »
Tristan Bernard

• « **La virginité, c'est comme une mouche sur le dos d'une vache :** un coup de queue… et oups ! »
Coluche

• « **J'aimerais terminer sur un message d'espoir.** Je n'en ai pas. En échange, est-ce que deux messages de désespoir vous iraient ? »
Woody Allen

Cocus & Co.

• Un type demande à un collègue :
– À ton avis, sans te compter, il y a combien de cocus dans l'entreprise ?
– Comment ça « sans me compter » ? Ça veut dire quoi ça !
– Oh, pardon ! Je suis désolé, je ne voulais pas te blesser. À ton avis, il y a combien de cocus dans l'entreprise, en te comptant ?

• Un type sort de chez sa maîtresse, une femme mariée. Sur le perron, il croise le mari qui revient un peu plus tôt qu'à l'accoutumée et lui lance :
– Salut ! Faites vite, son mari rentre dans une demi-heure !

• Un type décède et monte rejoindre sa femme au ciel. Mais mauvaise surprise : il la découvre dans les bras d'un autre ! Cette dernière s'écrie alors :
– Terre, mon mari !

• Un type tente de remonter le moral à un copain…
– Si tu veux, on peut sortir boire un coup un de ces jours ?
– Pffff… Boire, toujours boire…
– À moins que tu ne préfères venir manger à la maison ?
– Pffff… Manger, toujours manger…
– Allez, fais un effort ! Ma femme sera contente de te voir.
– Pffff… Baiser, toujours baiser…

• Un avocat téléphone à un de ses très riches clients :
– Monsieur, j'ai une bonne et une mauvaise nouvelle à vous annoncer !
– Commencez par la bonne…
– Votre femme est l'heureuse propriétaire d'une photo qui vaut 2 millions de dollars !
– Ah, pour une bonne nouvelle, c'est une très bonne nouvelle ! Et quelle est la mauvaise ?
– La mauvaise, c'est qu'il s'agit d'une photo de vous avec votre secrétaire…

• Une femme se rend chez une voyante…
– Je vois que vous êtes Capricorne ! lui dit cette dernière.
– Ah non ! Pas du tout !
– Ah ? Pardonnez-moi, j'ai mal vu ! En fait votre mari est à Capri et… vous avez les cornes !

• Une femme se rend chez un sexologue et lui expose son problème :
– Docteur, je n'ai plus envie de faire l'amour avec mon mari…
– Savez-vous pourquoi vous n'éprouvez plus de désir pour lui ?
– En fait, je n'ai pas mon permis et je suis obligée de prendre un taxi pour aller travailler. Lorsque je suis arrivée, le taxi me demande : « Vous me payez ou quoi ? » Comme je n'ai pas trop d'argent, je choisis le « ou quoi »… Vous voyez ce que je veux dire ?
– Oui, parfaitement.
– Ensuite, au travail, le patron me convoque tous les jours dans son bureau et me demande : « Vous souhaitez que je vous renvoie ou quoi ? » Alors je choisis le « ou quoi »…
– Oui, je comprends.
– Après, pour rentrer à la maison, j'emprunte encore le taxi, qui avant de me déposer me demande : « Vous me payez ou quoi ? » Alors vous voyez, docteur, je n'ai plus envie de faire l'amour à mon mari.
– Oui, je vois. Mais maintenant, que puis-je faire pour vous ? Vous souhaitez que j'en parle à votre mari ou quoi ?

• Dans un grand magasin de prêt-à-porter, un vieil homme remarque une belle femme à la poitrine très avantageuse. Profitant que son mari s'éloigne un peu d'elle, il l'aborde et lui demande :
– Est-ce que vous accepteriez que je vous caresse et que je vous lèche les seins pour 10 euros ?
La femme est choquée par autant de goujaterie. Elle s'offusque, mais avant qu'elle n'ait le temps d'appeler son mari, le monsieur

lui fait une nouvelle proposition :
– Et pour 10 000 euros, accepteriez-vous qu'en plus je vous mordille le bout des seins ?
La femme marque un temps de réflexion… Elle regarde tout autour d'elle afin de voir si personne n'a surpris leur conversation, puis dit à l'homme :
– 10 000 euros ?
– Oui…
– Vous me caressez et léchez les seins, et en plus vous me les mordillez ?
– Absolument.
– Attendez un moment, et rejoignez-moi discrètement dans la cabine d'essayage qui est là-bas !
La femme prend un vêtement au hasard, va prévenir son mari qu'elle part l'essayer et lui demande de l'attendre. Un peu plus tard, le vieil homme rejoint la femme dans la cabine. Cette dernière retire son chemisier et dégrafe son soutien-gorge. Aussitôt, l'homme se met à lui caresser vigoureusement les deux seins et à les lui lécher. Au bout d'un moment, la femme lui dit :
– Bon ! Dépêchez-vous de me mordiller les bouts qu'on en finisse !
– Non… Trop cher !

• **Un couple marié depuis près de quinze ans s'apprête à faire l'amour dans sa chambre à coucher.** Le couple n'a toujours fait l'amour que dans le noir mais, pour la première fois en quinze ans, la femme allume la lumière juste au moment où son mari s'apprête à la pénétrer… Et là, stupeur ! Son mari tient à la main un gros concombre !
– Quoi !? fait la femme. C'est pour ça que tu n'as jamais voulu que l'on fasse l'amour avec de la lumière ! Depuis quinze ans tu utilises un concombre parce que tu as honte de la taille de ton pénis ?
– Euh… Eh bien… Oui, fait l'homme tout penaud.
– J'espère que tu as une bonne explication !

Le mari regarde sa femme et lui dit :
– Je t'expliquerai le concombre dès lors que tu m'auras expliqué le mystère de nos trois enfants…

• **Un jeune père arrive à la maternité où sa femme vient d'accoucher.** Il entre dans la chambre et se penche, ému, au-dessus du berceau… Stupeur ! L'enfant est noir. Furieux, le père se retourne vers sa femme et lui lance :
– Tu vois, avec ta sale manie de toujours vouloir baiser dans le noir !

• **Un petit garçon surprend ses parents en train de faire l'amour…** Le lendemain matin, au petit déjeuner, le garçon demande des explications à ses parents.
– Maman, pourquoi tu sautais sur le ventre de papa, hier soir ?
– Euh… Je vais t'expliquer, dit la maman. Ton papa, il a le ventre qui grossit… Alors moi, je saute dessus pour l'aplatir !
– Mais !? fait le garçon, ça ne peut pas marcher !
– Bien sûr que si, ça peut marcher ! affirme le papa.
– Mais non, papa ! Ça peut pas marcher parce qu'à chaque fois que maman elle part, la voisine elle vient souffler dans ton ventre pour le regonfler !

• **Un type à un copain :**
– Tu sais pourquoi je suis gros ?
– Non…
– Parce qu'à chaque fois que je nique avec ta femme, elle me donne du gâteau !

• **Une femme dont le mari vient de décéder reçoit la visite d'un voisin qui lui avoue :**
– Je vous ai toujours désirée, j'ai très envie de vous…
– Mais je reviens du cimetière, je viens d'enterrer mon mari !
– Bien sûr, je comprends ! J'attendrai que vous ayez quitté vos vêtements de veuve.
– Oui, merci. On n'est pas à cinq minutes près !

• **Un homme et une femme font une partie de jambes en l'air lorsque le téléphone sonne...** Le couple s'interrompt et la femme décroche :
– Allô ! C'est toi, chéri ? Oui... D'accord... Ce n'est pas grave ! Prends ton temps ! Oui... Moi aussi... Je t'embrasse mon amour, à tout à l'heure !
La femme raccroche. Son amant lui demande :
– C'était ton mari ?
– Oui ! Ne t'inquiète pas, on en a encore pour deux bonnes heures, il fait une partie de billard avec toi !

• **Un type demande à son copain :**
– Dis-moi... Tu aimes les femmes grosses ?
– Non...
– Et celles qui ont les seins qui tombent ?
– Ah ! Ah ! Ah ! Oh non !
– Et les femmes qui ont de la cellulite sur les fesses et la culotte de cheval... Tu les aimes ?
– Beurk ! Pas pour moi !
– Et celles qui ont des bourrelets sur le ventre ? Dis-moi franchement, est-ce que tu les aimes ?
– Oh là là ! Non ! J'aime pas ça !
– Alors explique-moi une chose : pourquoi tu couches avec ma femme !!!

• **Au cimetière, l'amant de la défunte pleure aux côtés de son mari.** Le mari dit alors à l'amant :
– Ne pleurez pas, je me remarierai...

• **Un homme se rend dans une armurerie pour se procurer un fusil à lunette.** Le vendeur lui montre un modèle :
– Regardez la précision de cette lunette ! Essayez-la en visant la petite fenêtre de la maison bleue qui est à 300 mètres, là-bas !
L'acheteur s'empare du fusil et vise avec la lunette...
– Effectivement, c'est formidable ! Je vois parfaitement un

homme et une femme en train de batifoler !
– Quoi !!! hurle le vendeur en reprenant le fusil et en regardant à son tour dans la lunette. C'est ma maison et ma femme avec… Oh !!! Tenez ! dit-il à l'acheteur. Prenez le fusil et ces deux cartouches ! Tirez-en une dans la tête de ma femme et une autre dans le sexe de ce type !!!
L'acheteur reprend le fusil, regarde dans la lunette et dit à l'acheteur :
– Vous pouvez reprendre une balle. Si je tire maintenant, une seule devrait suffire…

• **Une femme est sur le point d'accoucher.** Le mari est très nerveux et tient avec émotion la main de sa femme. Il lui dit :
– Si le bébé te ressemble, ce sera extraordinaire !
Sa femme lui répond :
– Si le bébé te ressemble, ce sera un miracle !

• **Un homme noie son chagrin dans l'alcool.** Son copain tente de le dissuader de reprendre un autre verre…
– Arrête, tu as assez bu comme ça !
– Non ! J'suis… J'suis trop triste !
– Alors dis-moi enfin ce qui te met dans cet état ?
– C'est ta femme…
– Ma femme ? Qu'est-ce qu'elle a ma femme ?
– J'crois bien qu'elle nous fait cocus !

• **Un vacancier règle la note de son séjour à l'accueil du camping.** Le patron lui présente la note…
– C'est très cher ! s'exclame le touriste.
– Oui, mais nous avons une piscine, lui répond le patron.
– Mais je n'y suis même pas allé !
– Mais elle était là…
– C'est quand même très cher.
– Nous avons aussi un minigolf.
– Je n'y suis pas allé !

– Oui, mais il était là...
– Ça fait quand même très cher pour quelqu'un dont la femme s'est fait sauter par le patron du camping... N'est-ce pas?
– Oui, mais elle était là...

• **Un type raconte à sa femme sa journée au bureau:**
– Tu ne devineras jamais ce qui est arrivé aujourd'hui!
– Quoi donc?
– Mon collègue a voulu rentrer chez lui pour déjeuner. Il voulait faire la surprise à sa femme, qui se plaint tout le temps. Et là, il a trouvé sa femme au lit avec un mec! Il a eu une crise cardiaque, et il est mort!
– Mince!
– Oui! Cocu, crise cardiaque, raide mort! J'espère qu'un truc comme ça ne m'arrivera jamais!
– Mais non! Tu n'es pas cardiaque, toi?

• **Un gars rentre chez lui et surprend sa femme au lit avec un autre homme.** Fou de rage, il empoigne le type et le traîne jusque dans son appentis. Là, il coince le sexe de l'amant dans un étau, bloque l'étau avec un cadenas et empoigne une scie... L'amant hurle:
– Ne faites pas ça! Ne faites pas ça!!! Pitié! Je ne recommencerai plus! Ne faites pas ça!
– Faire quoi?? demande le mari trompé.
– Ne me la coupez pas! Je vous en supplie, ne me la coupez pas!!!
– Moi? Non... répond le mari en donnant la scie à l'amant. Mais vous, oui! Je vais foutre le feu à l'appentis...

• **Une femme confie sa vie sexuelle à une collègue de bureau...**
– Quand je fais l'amour, ce qui me gêne le moins, c'est mon trou du cul!
– Ah?

– Oui… Surtout quand j'ai un orgasme ! Là, j'oublie totalement mon trou du cul !
– Ah bon ? Et… Qu'est-ce qu'il fait ton trou du cul quand tu as un orgasme ?
– Je ne sais pas… Il est certainement au bistrot avec des copains…

Atroces !

• **Une mère et ses deux enfants jouent à cache-cache.** L'aîné aide son petit frère à se cacher, puis court se planquer sous le canapé. Un quart d'heure plus tard, la maman le découvre…
– Vu ! Il me reste ton petit frère à trouver…
Une demi-heure plus tard, elle n'a toujours pas découvert sa cachette.
– Allez, dis-moi où il se cache ! demande-t-elle à l'aîné.
– Non ! Faut que tu le trouves !
– Bon, j'ai perdu. Quand il en aura marre, il sortira de sa cachette !
La mère retourne à ses occupations et, deux heures plus tard, appelle ses enfants pour passer à table. Seul l'aîné se présente…
– Mais où est ton petit frère ?
– Il est toujours caché !
– Maintenant, ça suffit ! Dis-moi où tu l'as caché !
– D'accord, maman… Il est dans le congélateur.

• **Qu'est-ce qui est tout mignon et tout rouge ?**
Un bébé qui suce un cutter !

• **Qu'est-ce qui est dans la forêt, tout vert et qui pue ?**
Un scout mort !

• **Une petite fille pénètre dans la chambre de ses parents et surprend son père en train de retirer un préservatif.** L'enfant lui demande :
– Qu'est-ce que tu fais ?
Le père très gêné ne sait quoi répondre..
– Euh… Je… C'est parce qu'il y a des souris dans la chambre et…
– Ah bon ? fait la petite. Et pourquoi un préservatif ? Pour les enculer ?

• **Une femme à son mari :**
– Tu me donnes tes affaires sales que je les lave, s'il te plaît ?

– Oui, mais il faut attendre que le programme soit terminé.
– Tu as lancé une machine ?
– Oui, j'ai mis le bébé à tourner…

• **La maîtresse demande à ses élèves de faire une rédaction sur ce qu'ils ont fait ce week-end.** Elle est intriguée par l'une d'elles et interroge son auteur…
– Dis-moi… Tu as écrit que ton papa était tombé au fond du puits samedi. Ça va ? Il va bien ?
– Oui, maîtresse ! Depuis cette nuit, il a arrêté d'appeler au secours !

• **Un homme est sur son lit de mort.** Son fils est à son chevet et il lui demande :
– Tu sens cette odeur de tarte ?
– Oui, papa ! C'est maman qui en fait une…
– J'aimerais… J'aimerais que l'on m'en amène une… une petite part… S'il te plaît… va demander à ta mère…
Le petit s'en va dans la cuisine quémander une part de tarte et revient quelques instants plus tard pour annoncer à son père :
– Maman veut pas… Elle a dit que c'était pour après l'enterrement.

• **Quel point commun y a-t-il entre le cancer et un Pokémon ?**
Ils évoluent.

• **Quel point commun y a-t-il entre un curé et un surdoué ?**
Ils ont tous les deux sauté une classe !

• **Une petite fille à sa maman :**
– Tu dis toujours que mon petit frère, c'est un ange… C'est vrai ?
– Bien sûr que c'est vrai !
– Ben alors… Pourquoi il ne s'est pas envolé quand je l'ai jeté par la fenêtre ?

• **À la morgue, l'assistant prépare le corps d'une noyée que les pompiers viennent d'amener.**
– Chef! Venez voir!
– Qu'y a-t-il?
– Regardez… La noyée, elle a une crevette à la place du sexe!
Le chef se penche pour vérifier et dit:
– Ce n'est pas une crevette, c'est son clitoris!
– Je vous assure, chef, que ça a vraiment le goût de la crevette!

• **Qu'y a-t-il de pire que de se faire violer par Jack l'Éventreur?**
Se faire mettre un doigt par le Capitaine Crochet!

• **En boîte, un gars drague une très jeune fille.** Très rapidement, il sort avec elle, puis lui propose de terminer la soirée chez lui. La fille le suit et ils font l'amour toute la nuit. Au petit matin, le gars demande à la jeune fille:
– Dis-moi, quel âge as-tu?
– J'ai 13 ans…
– 13 ans!!! Rhabille-toi que je te ramène chez toi, je ne veux pas avoir de problèmes!
– Pourquoi, tu es superstitieux?

• **Une mère demande à son fils:**
– Tu sais quelle quantité de sperme il faut pour faire un mongol?
– Non…
– Alors, demande à ton père!

• **Un type se rend chez son médecin et se plaint d'avoir un trop petit sexe:**
– Docteur, j'aimerais avoir un sexe de Noir!
– Vous pouvez essayer le coup de la ficelle… lui propose le docteur.
– La ficelle? Qu'est-ce que c'est?
– C'est très facile… Peut-être un peu douloureux, mais très

facile. Vous enroulez une ficelle autour de votre sexe, vous serrez très fort et faites un nœud. Quelques jours plus tard, vous aurez un sexe de Noir!
Quelques jours plus tard, le type revient voir son docteur…
– Alors! Avez-vous essayé le coup de la ficelle?
– Oui, docteur… Mon sexe ne s'est pas encore allongé, mais par contre, c'est vrai, il devient tout noir!

• **Un enfant arrive en retard à l'école…** La maîtresse lui fait des reproches:
– Que se passe-t-il? Aujourd'hui tu arrives en retard et hier tu n'es pas venu? Je peux savoir pourquoi?
– C'est parce que papa a été brûlé!
– Ah… Ses blessures ne sont pas trop graves, j'espère?
– Ben… Ils ne plaisantent pas au crématorium!

• **Une femme entre chez un boucher avec son nouveau-né.** Le boucher regarde tendrement le bébé et dit à la maman:
– Il est beau votre bébé! Qu'il est mignon… Quel âge a-t-il?
– Il a 15 jours! répond fièrement la mère.
– Il doit faire 3,6 kilos! dit le boucher.
– 3,9 kilos! reprend la mère.
– Ah? Je ne pense pas. Il ne doit pas faire plus de 3,6 kilos! Mais je vous rassure, c'est quand même un beau bébé!
– Non, non! Il fait 3,9 kilos! insiste la mère qui se vexe un peu.
– Vous savez, ça fait partie de mon métier que d'évaluer le poids… Je vais appeler l'apprenti pour qu'il pèse votre bébé. Vous voulez bien?
– Oui, si vous voulez… mais je sais combien il pèse: 3,9 kilos!
Le boucher appelle l'apprenti, qui prend le bébé et l'emmène dans l'arrière-boutique. Un moment plus tard, l'apprenti revient et annonce fièrement:
– 2,1 kilos!
– Quoi!? font le boucher et la maman en chœur.
– Oui! 2,1 kilos, vidé et désossé!

• **Une mère gronde son enfant :**
– Je t'ai dit d'enlever tes doigts du nez de ton grand-père !
Deux minutes plus tard :
– Enlève tes doigts du nez de ton grand-père !
Cinq minutes plus tard :
– Si tu n'enlèves pas immédiatement tes doigts de son nez, je ferme le cercueil !

• **Deux types se promènent dans la rue avec un ami handicapé mental.**
– J'aimerais bien boire un coup, dit l'un, mais je n'ai pas une tune !
– Moi, j'ai plein de piè-pièces, je payyyye ! propose aussitôt le handicapé mental.
Les trois compagnons se retrouvent donc à boire un coup à la terrasse d'un café.
– Maintenant que l'on a bu un coup, dit l'autre, j'irais bien tirer un coup ! Mais moi non plus, je n'ai plus une tune…
– Moi, j'ai plein de piè-pièces, je payyyye ! dit aussitôt le handicapé mental.
Et les trois hommes s'offrent donc les services d'une prostituée. Le premier qui a terminé son affaire revient en disant aux deux autres :
– Je lui ai cassé le derrière !
Le deuxième part rejoindre la prostituée et revient un petit moment plus tard en disant :
– Moi, je lui ai cassé le tout devant !
Le handicapé mental demande alors :
– Et moi ! Et moi ! J'peux y aller voir la daaaame ?
– Bien sûr, c'est toi qui payes !
Le handicapé part rejoindre la prostituée et revient un petit moment plus tard en disant l'air réjoui :
– J'lui ai casséééé un bras !

• **Un enfant joue dans la rue.** Il a fabriqué un chariot en bois qu'il a peint en rouge. Il a ensuite attaché au chariot son chien par son collier et son chat par les testicules…
– Qu'est-ce que tu as fabriqué là ? lui demande un passant.
– C'est un camion de pompier !
– Super ! Mais… je vois que ton chien tire le chariot par le cou et le chat par… les… ses petites cacahuètes. Tu sais que ton camion de pompier irait beaucoup plus vite si ton chat le tirait aussi par le cou ?
– Oui, m'sieur ! Mais… j'aurais plus de sirène !

• **Le plus petit nain du monde vient de mourir.** Ses amis viennent le voir une dernière fois sur son lit de mort et présentent leurs condoléances à la famille. Le dernier sort de la pièce où se trouve le défunt et rejoint la famille dans le salon… Il dit quelques mots gentils à sa femme et elle lui demande :
– Vous avez bien pensé à fermer la porte en sortant de sa chambre ?
– Heu… Je ne sais plus. Pourquoi ?
– Parce que ça fait trois ou quatre fois que le chat le descend du lit pour jouer avec !

• **Comment appelle-t-on un enfant qui ne chouine pas à chaque fois qu'on lui donne une baffe ?**
Un enfant mort.

Proverbes à la con

« Mieux vaut un petit coup de boule dans les dents qu'un petit coup de dents dans les boules ! »
(Proverbe de bouliste)

• • •

« Qui se masturbe face au vent a le nombril gluant. »

• • •

« L'occasion fait le dard long. »

• • •

« Tous les chemins mènent au rhum. »

• • •

« Si ton chien aboie, c'est qu'il n'est pas assez cuit. »
(Proverbe chinois)

• • •

« Mieux vaut partir en couille que revenir à pied. »

• • •

« Il n'y a pas de fumée sans Indiens. »

• • •

« Tousse pour un, rhume pour tous ! »

• • •

« Fusil au lit, trou du cul agrandi. »

•••

« Si t'as pas un mec utile, utilise un sexe à pile. »

•••

« Mieux vaut une escalope avec une salade
qu'une escapade avec une salope. »

•••

« Il faut battre son frère tant qu'il a chaud. »

•••

« Pet contenu, furoncle au cul. »

•••

« La pépie part en buvant. »

•••

« L'ennui, tous les bas sont gris. »

•••

« Bière qui roule perd toute sa mousse. »

•••

« Il n'y a jamais loin de la croupe aux lèvres. »

• • •

« On ne fait pas d'aveugles sans casser des yeux. »

• • •

« Dans le prout, retiens-toi. »

• • •

« Quand le goéland se gratte le gland,
c'est qu'il va faire mauvais temps. »
« Quand il se gratte le cul,
c'est qu'il ne fera pas beau non plus. »

• • •

« Rien n'empêche Melba. »

• • •

« Qui tire la chasse laisse sa place. »

• • •

« Qui s'endort le poireau dans la main se réveille le plafond repeint. »

• • •

« Mes couilles sur ton nez, tu sentiras la marée. »

• • •

« Il ne faut pas réveiller un tchador. »

•••

« Ce que femme veut, sauve qui peut ! »

•••

« Fumer tue, la pipe détend. »

•••

« Qui s'endort la queue frivole se réveille les doigts qui collent. »

•••

« La bite ne fait pas le moine. »

•••

« Jeu de nain, jeu de vilains. »

•••

« On peut faire le tour du monde avec l'envie de se marier.
Mais avec l'envie de chier, on ne peut pas. »

•••

« Quand chatte mouille, jamais bite ne rouille. »

•••

« On sait ce qu'on lèche, on ne sait pas ce que l'on prend. »

•••

« Comme on fait son lit, on se touche. »

•••

« Seul à la maison, branlette dans le salon. »

•••

« Trou du cul poilu, trou du cul perdu. »

•••

« Chacun son dentier, les vaches seront bien mangées. »

•••

« Mieux vaut être seul que le con mal peigné. »

•••

« Femme au couvent, poils sur le devant. »

•••

« Mari dans le placard, gode dans le tiroir. »

•••

« Ne fais pas aux truies
ce que tu ne voudrais pas que l'on te fasse. »

• • •

« Qui aime bien, ça chie bien. »

• • •

« Moule touffue, soirée foutue ! »

• • •

« Qui boit sans soif vomira sans effort ! »

• • •

« Les petits puceaux font les grandes rivières. »

• • •

« L'oraison du plus fort est toujours la meilleure. »

Dieu et ses apôtres

• **Dans le compartiment d'un train, trois religieuses sont sur le chemin du retour au couvent après avoir assisté à une messe célébrée par le pape, à Rome.** Chacune leur tour, elles se confient :
– Mon plus gros péché, dit la première, c'est d'avoir cédé une fois à l'appel de la chair ! N'en pouvant plus et voulant absolument connaître cette sensation, un soir, j'ai fait le mur et je me suis prostituée…
– Ohhhhh ! font en chœur les deux autres.
– Moi, dit la deuxième, un jour je me suis droguée ! Je voulais connaître cette sensation. Alors un soir, j'ai fait le mur et je me suis acheté une dose d'héroïne..
– Ohhhhh ! font les deux autres.
– Et toi ? demande la première religieuse à la troisième qui n'a encore rien avoué.
– Moi, mon plus gros péché, c'est de cancaner ! Et je peux vous dire que je n'ai qu'une hâte : c'est d'arriver au couvent !

• **Un homosexuel meurt et se retrouve face à saint Pierre…**
– Vous avez forniqué là où il ne faut pas, vous irez en enfer ! lui annonce ce dernier.
Et l'homosexuel est conduit aux portes de l'enfer… Quelques semaines plus tard, son compagnon décède à son tour et se retrouve face à saint Pierre :
– Vous avez forniqué là où il ne faut pas, vous irez en enfer !
Saint Pierre mène l'homosexuel jusqu'aux portes de l'enfer, et là, il a la surprise de constater qu'il fait extrêmement froid et que Satan porte un gros pull, un bonnet et des gants. Saint Pierre lui demande :
– Que se passe-t-il, ici ? Pourquoi fait-il si froid ?
Et Satan lui répond :
– Vous me demandez pourquoi ? Eh bien ! tout simplement parce que depuis que vous nous envoyez tous les homos, ici, plus personne ne veut se baisser pour ramasser du bois !!!

• **Quelle différence y a-t-il entre Jésus sur une croix et Jésus en photo ?**
Il n'y a besoin que d'un clou pour accrocher la photo de Jésus !

• **Le jour où Dieu créa les animaux, il dit à la vache :**
– Tu iras travailler dans les champs et tu tireras les charrettes, tu donneras du lait à ton fermier et tu auras plein de veaux ! Je te donne une durée de vie de 60 ans !
– 60 ans, c'est trop vache ! Donne-moi 20 ans, c'est largement suffisant !
– Très bien, tu vivras 20 ans. Je mets de côté les 40 années restantes…
Dieu s'adressa ensuite au chien :
– Pendant 20 ans, tu resteras assis toute la journée devant la maison et tu aboieras à chaque fois que quelqu'un passera !
– 20 ans ? Quelle vie de chien ! Donne-moi 10 ans, ça me suffit !
– Bon ! Tu vivras 10 ans et je mets de côté les 10 années restantes…
Dieu s'adressa ensuite au singe :
– Tu devras faire des grimaces et faire rire les gens ! Tu auras une durée de vie de 20 ans !
– 20 ans à faire le con ? Tu te moques de moi ou quoi ? Ce n'est pas à un vieux singe que l'on apprend à faire la grimace… Donne-moi 10 ans, ça me suffira !
– Bien, bien… 10 ans pour le singe ! Je mets de côté les 10 années qui restent…
Le lendemain, Dieu créa l'homme et lui dit :
– Profite bien de ta vie ! Mange, joue, baise, dors, glande… Je te donne 20 ans de vie !
– Seulement 20 ans ? Donne-moi les années qui te restent : les 40 de la vache, les 10 du chien et du singe ! Si je ne me trompe pas, ça devrait faire un total de 80 ans ?
– Exact ! Alors, puisque tel est ton souhait : tu vivras 80 ans !
Et voilà pourquoi pendant les 20 premières années de sa vie, l'homme mange, s'amuse, dort, baise et glande… Et aussi pourquoi

durant les 40 années suivantes il travaille comme un bœuf pour nourrir ses enfants, puis fait des grimaces pendant une dizaine d'années pour faire rire ses petits-enfants et que les 10 dernières années de sa vie il reste assis à aboyer sur tout le monde!

• **Comment Jésus est-il mort?**
Du tétanos, les clous étaient rouillés!

• **Une femme se rend à confesse...**
– Mon père, pardonnez-moi parce que j'ai péché...
– Que vous reprochez-vous, ma fille? demande le prêtre.
– Hier soir, mon mari et moi, nous nous sommes disputés comme jamais nous ne l'avions fait auparavant...
– Ma fille, vous vous êtes unis pour le meilleur et pour le pire. Dans un couple, il est normal d'avoir à subir des épreuves... Ce n'est pas bien grave, ma fille.
– Oui mais... qu'est-ce que je fais du corps?

• **Trois copains décèdent dans un terrible accident de voiture et arrivent au ciel.** Saint Pierre s'adresse à eux:
– D'ici quelques jours, vos proches vont enterrer votre corps pendant que votre âme rejoindra le ciel. En attendant, vous avez la possibilité de choisir ce que, le jour de votre mise en bière, vos proches diront de vous. Que souhaitez-vous? demande-t-il au premier.
– Eh bien... J'aimerais que tout le monde dise que j'étais quelqu'un de bien. Un enfant, un mari, un père et un ami formidable que tout le monde regrettera.
– Très bien. Et vous? demande saint Pierre au deuxième.
– Moi, je voudrais que l'on dise de moi que j'étais quelqu'un de généreux, d'aimant, de disponible, que j'ai apporté beaucoup de joie et de bonheur à tous mes proches et que l'on ne m'oubliera pas.
– Parfait. Et vous? demande-t-il au troisième.
– Moi, je voudrais les entendre dire: « Regardez!!! Il bouge encore! »

MON PÈRE. PARDONNEZ-MOI PARCE QUE J'AI PÉCHÉ.
QUEL PÉCHÉ AVEZ-VOUS COMMIS, MA FILLE ?
LE PÉCHÉ DE VANITÉ...
TOUS LES MATINS, JE PASSE DES HEURES À ME CONTEMPLER DANS LE MIROIR !
JE ME TROUVE BELLE... TRÈS BELLE...
MAIS CECI N'EST PAS UN PÉCHÉ...
AH BON ?
OUI ! C'EST SEULEMENT UNE ERREUR...
CHALVIN.

• **Pourquoi ne faut-il jamais montrer du doigt?**
Parce que Dieu est partout et que l'on risquerait de lui mettre un doigt dans le cul!

• **Dieu dit à Père de fourrer, et depuis Père Fouras!**

• **Alors que le curé sermonne l'assemblée réunie dans l'église, le diable en personne surgit de derrière lui!** L'assistance se lève d'un bond et sort de l'église en hurlant de terreur. Le curé se retourne et lui aussi se met à crier avant de fuir l'église. Seul un homme reste paisiblement assis. Le diable s'approche de lui…
– Tiens? Pourquoi n'as-tu pas peur de moi? lui demande le diable.
– Oh, vous savez, moi, je suis marié depuis cinquante ans!

• **Un homme qui a tenté de se pendre se rend au confessionnal.**
– Mon père, pardonnez-moi parce que j'ai péché…
– Qu'as-tu fait, mon fils?
– J'ai tenté de me suicider…
– Oh! Mon fils, repends-toi!!!

• **L'inventeur de la Harley Davidson meurt et arrive au paradis.** Il y rencontre Dieu qui a souhaité le voir.
– Je tiens à te féliciter pour ton invention! lui dit Dieu. C'est une belle et noble machine que tu as créée là! Tu mérites amplement ta place au paradis et tu comptes parmi les hommes dont la vie n'aura pas été inutile au reste de l'humanité!
– Je te remercie pour ces louanges, Dieu. Mais… si je peux me permettre, j'aimerais te parler un peu d'une de tes inventions qui, à mon humble avis, aurait mérité quelques améliorations…
– De laquelle de mes créations souhaites-tu m'entretenir?
– Il s'agit de la femme…
– Ah? La femme est-elle mal conçue? demande Dieu à l'inventeur de la Harley.

– Je n'irais pas jusqu'à dire ça, mais... sur certains points... ce n'est pas terrible!
– Bien, je t'écoute! Dis-moi ce qui ne va pas!
L'inventeur de la Harley dresse donc la liste de ce qu'il reproche à la création de Dieu:
– Pour commencer, dit-il, le pare-chocs avant est très souvent insuffisant. Ensuite, ça caquette beaucoup quand on roule. L'entrée est placée trop près de la sortie, l'arrière devient vite mou et l'ensemble devient branlant. Elle a des fuites qu'il faut sans cesse colmater. Et enfin, le coût de l'entretien est très excessif!
Dieu reste perplexe. Il se lève enfin et s'installe devant son ordinateur. Après avoir pianoté un moment, il dit à l'inventeur de la Harley:
– Tu as raison, ma création a beaucoup d'imperfections! Mais finalement, tu n'iras pas au paradis parce que d'après les statistiques, il y a quand même beaucoup plus d'hommes qui enfourchent ma création que la tienne!

• **À l'origine des temps, Dieu décida de créer Adam, créature parfaite qui vivrait en harmonie avec son environnement.** Adam se mit très vite à apprécier les merveilles de ce monde: les forêts, les lacs, les rivières, le ciel, les montagnes enneigées mais aussi les animaux qui peuplent ces magnifiques paysages. Mais Dieu savait que l'ennui pouvait guetter Adam et il crut judicieux de concevoir Ève, une compagne idéale pour assurer le renouvellement de l'espèce. Ève fut donc créée, mais Dieu constata rapidement qu'Adam ne manifestait aucune attirance pour sa compagne. Il y avait un abîme entre les deux qui encouragea Dieu à donner quelques précieux conseils à Adam. Un jour qu'Ève était partie se promener en forêt, il vint à la rencontre d'Adam et lui dit:
– Adam, je suis sûr qu'Ève adorerait que tu lui donnes un baiser!
– Mais j'ignore ce qu'est un baiser...

Dieu entreprit une divine explication pour éclairer la lanterne d'Adam. Celui-ci, séduit par l'idée de ce baiser dont il comprenait maintenant la signification, alla rejoindre Ève et l'embrassa tendrement. Dieu le vit revenir en arborant un large sourire de satisfaction. Dieu se dit alors qu'il était temps de passer à la prochaine étape :

– Adam, quelque chose me dit qu'Ève aimerait que tu lui fasses un petit câlin !

– Mais j'ignore ce qu'est un petit câlin…

Dieu entreprit à nouveau une divine explication. Tenté, Adam alla rejoindre Ève pour lui donner un petit câlin. Et il en revint enchanté. Dieu se dit qu'il était maintenant temps de passer aux choses réellement sérieuses :

– Adam, il me semble qu'Ève t'apprécie vraiment. Voudrais-tu lui faire l'amour ?

– Mais Dieu, j'ignore ce que signifie « faire l'amour »…

Après une nouvelle explication divine, Adam partit rejoindre Ève… Mais voilà, c'est totalement décontenancé qu'il revint voir Dieu…

– Alors Adam, pourquoi es-tu si sombre ?

Et Adam lui répondit :

– Dieu, sais-tu ce qu'est la migraine ?

Les plus courtes sont les meilleures

• Un professeur de sport interpelle un petit nouveau, un Chinois…
– Lee ! Fais-moi dix pompes !
– Oui, monsieur. Nike ou Adidas ?

• Pourquoi les Roumaines du métro parisien sont-elles des super-héros ?
Parce qu'elles savent voler !

• Pourquoi le sexe de Rocco Siffredi s'appelle-t-il Courage ?
Parce qu'il prend toujours son courage à deux mains.

• Pourquoi peut-on plier un iPhone 6 ?
Parce que l'Apple Store !

• Qui a inventé « Icebucket challenge » ?
Le capitaine du *Titanic*…

• Quel est le comble pour celui qui passe un diplôme de gynécologie ?
C'est de le rater d'un poil…

• À quoi servent les lampes à LED ?
À attirer les moches…

• Un type rencontre par hasard un vieux copain bègue.
– Salut ! Je suis content de te revoir ! Comment vas-tu ?
– B… B… Bien. J'ai… J'ai… de… deux enf… deux enfants… J… je suis m… marié. Je tra… tra… tra… travaille à la m… m… mairie. Et… Et… toi ? Co… Co… Comment ça va ?
– Bien aussi. Je viens d'être opéré de la prostate, mais maintenant ça va beaucoup mieux.
– La pro… La pro… prostate ? C'est… C'est… quoi la pro… pro… prostate ?
– Je pissais comme tu parles.

• **Pourquoi les serpents ne mordent-ils jamais les avocats?**
Par courtoisie fraternelle…

• **On ne dit pas:** « Une issue. »
Mais on dit… « Elle transpire »!

• **Que vaut un dirham?**
Dix pagaies!

• **Quel est l'acteur le plus explosif?**
Dany Boom!

• **On ne dit pas:** « Une surprise party. »
Mais on dit… « Un cadeau perdu »!

• **On ne dit pas:** « J'ai mangé du thon en boîte. »
Mais on dit… « J'ai roulé une pelle à un laideron en discothèque »!

• **Avec quoi peut-on bander les yeux d'un Chinois pour qu'il ne voie pas?**
Avec un lacet.

• **Dans un bar, un type court jusqu'aux toilettes qui sont malheureusement occupées…**
– Vite! Ouvrez vite, j'ai la chiasse!
Et dans les toilettes le gars lui répond:
– Mmmmmmm… Vous avez de la chance! Mmmmmmmm… Mmmmmmmm…

• **Quel point commun y a-t-il entre une bombe et une mine antipersonnel?**
Ben voyons, ça saute pourtant aux yeux!

• **Quelle différence y a-t-il entre un mauvais président et un travesti ?**
On s'en aperçoit toujours trop tard...

• **C'est l'histoire d'un aveugle qui entre dans un bar, puis dans une chaise, puis dans un client, puis dans une table...**

• **Comment appelle-t-on un nain qui sort du sèche-linge ?**
Un insecte (nain sec).

• **Que dit un rouleau de papier toilette déguisé en Dark Vador ?**
J'essuie ton père !

• **Épelez le mot « poule » et dites :** « Que j'ai mal »...
Épelez maintenant le mot « poussin » et dites : « Que j'ai mal »...
Épelez le mot « coq » et dites : « Que j'ai mal »...

• **Pourquoi Jeanne d'Arc était-elle en avance sur son époque ?**
Parce qu'elle a frit, elle a tout compris !

• **Pourquoi les touristes chinois n'achètent-ils jamais de souvenirs ?**
Parce qu'ils les fabriquent chez eux.

• **Un type à un autre :**
– Tu as le bonjour d'Aimé.
– D'Aimé qui ?
– Dé mes couilles !

• **Quelle différence y a-t-il entre aimer, beaucoup aimer et haïr ?**
Recracher, avaler et mordre.

• **Ta mère est tellement vieille que son numéro de Sécu est en chiffres romains.**

• **Quelle différence y a-t-il entre un acteur qui reçoit un César et une aspirine ?**
Aucune, ce sont tous les deux des « cons primés ».

• **Qu'est-ce qu'un grain de riz dans une cuvette ?**
Un Somalien qui a vomi toute la nuit.

• **Un type pose une devinette à un copain :**
– Tu connais la blague de la chaise roulante ?
– Non.
– Avant elle marchait mais plus maintenant…

• **Que fait un Somalien si on lui donne une boîte de gâteaux ?**
Il ouvre un supermarché.

• **Quelle différence y a-t-il entre une voyante et une obèse ?**
La voyante est une extralucide et l'obèse une extra-glucides.

• **Dans quel pays ne bronze-t-on pas du nez ?**
Au Népal.

• **Ta mère est tellement grosse qu'elle fait de l'acupuncture avec des aiguilles à tricoter.**

• **Comment s'appelait avant le Capitaine Crochet ?**
Le Capitaine Main.

• **Un type pose une devinette à un copain :**
– Tu connais la blague du pénis ?
– Non.
– C'est dommage, elle troue le cul !

• **Quel point commun y a-t-il entre l'école et le poil?**
À 15 ans on en a déjà plein le cul!

• **On ne dit pas:** « Un poulet fermier. »
Mais on dit… « Un policier qui conduit un tracteur »!

• **Que disait Jules César à ses troupes qu'il envoyait sur le front russe?**
Allez jacter à l'Est!

• **Comment appelle-t-on un Portugais dans une université?**
Monsieur le concierge!

• **Quel point commun y a-t-il entre le pastis et un tsunami?**
Plus on met d'eau, et moins il y a de jaune…

• **Pourquoi les Chinois ne trouvent-il pas le nord?**
Parce qu'ils ont le sudoku.

• **Que dit une racaille pour draguer?**
Viens voir mon Kinder, je vais te faire crier Bueno!

• **Melon et Melèche font la vaisselle.**
Melon les casseroles et Melèche les poêles.

• **Qu'est-ce qu'un Belge qui a la frite?**
Un Belge avec une érection…

• **Comment faire entrer 300 Portugais dans une voiture?**
En mettant Santos devant et Dos Santos derrière.

• **Pourquoi klaxonne-t-on pendant les mariages?**
Pour prévenir du danger!

• **Pourquoi la statue de la Liberté lève-t-elle le bras ?**
Parce qu'elle cherche du réseau avec son mobile de chez SFR.

• **Qu'est-ce qu'un Chinois avec un baladeur ?**
Un nem P3 !

• **Ta mère est tellement grosse qu'elle repasse son linge sur l'autoroute.**

• **Qu'apporte le Père Noël aux enfants qui commandent un costume de Mickey ?**
Un maillot de l'Olympique de Marseille !

• **Pourquoi les pêcheurs ont-ils beaucoup d'enfants ?**
Parce qu'ils sont toujours sur la « mère »...

• **Pour les chasseurs, quelle différence y a-t-il entre un chat et un chevreuil ?**
Après quelques bières, aucune.

• **Qu'est-ce qu'un Chinois monté sur un autre Chinois ?**
Des Lee superposés.

• **Quelle différence y a-t-il entre une bière et un chasseur ?**
Les bières, il en existe sans alcool !

• **Que dit une racaille pour draguer ?**
Tu m'files ton 06 ou je lâche le chien ?

• **Qu'est-ce qui est poilu, que l'on secoue dans la bouche avant de cracher du blanc ?**
Une brosse à dents.

• **Quelle est la méthode contraceptive la plus efficace ?**
La laideur.

• **Ta mère pue tellement que quand elle pète, ça sent meilleur.**

• **Pourquoi les jolies filles corses sont-elles dangereuses ?**
Parce que ce sont des bombes !

• **Une Corse demande à son ami :**
– Et si tu gagnais le gros lot au tirage du Loto… Tu ferais quoi ?
– Rien. Absolument rien.

• **Qu'est-ce qu'un fusil avec des chaussures ?**
Un fusil à pompe.

• **À quoi sert une hyperbole ?**
À manger des méga-soupes !

• **Quelle est la salade la plus explosive ?**
La roquette.

• **Quel point commun y a-t-il entre une fille moche et une crevette ?**
Tout est bon, sauf la tête.

• **Pourquoi les poissons ne se rendent-ils jamais à leur cours d'anglais ?**
Parce qu'ils s'en fish !

• **Pourquoi est-ce la télévision qui dirige la vie des gens ?**
Parce que la télécommande…

• **Pourquoi Tarzan crie-t-il lorsqu'il se tape sur les pectoraux ?**
Parce qu'il a des coups de soleil.

• **Qu'est-ce qui est petit, rond et bleu ?**
Un petit pois qui retient sa respiration !

• **Que crie un musulman lorsqu'il se rend chez le dentiste ?**
Raaah ! Ma dent !

• **Qu'est-ce qui est bleu, blanc, rouge ?**
Un Schtroumpf qui saigne du nez !

• **Quel est le féminin d'un Indou ?**
Une naine douce.

• **Dans la salle d'attente d'un docteur patientent un avocat riche, un homme politique honnête et le Père Noël.** En partant, une patiente oublie son iPhone 6 sur sa chaise. S'ensuit une panne d'électricité qui plonge la salle d'attente dans le noir. Lorsque la lumière revient, l'iPhone 6 a disparu. Qui l'a volé ?
L'avocat riche, les deux autres n'existent pas !

• **Comment appelle-t-on un haricot sans fil ?**
Un haricot Bluetooth !

• **Après s'être prostituée toute la journée, où Daisy va-t-elle manger ?**
Chez McDonald !

• **Ta mère pue tellement que les putois l'appellent Maman.**

• **Quel point commun y a-t-il entre une racaille et une chauve-souris ?**
Les deux dorment le jour et volent la nuit.

• **Qu'est-ce qui est noir, puis rouge, puis gris ?**
Le charbon.

• **Je rentre toujours la première. Je sors toujours la dernière. Qui suis-je ?**
La clef.

• **Quand les suicidaires vont-ils dehors ?**
Lorsqu'il pleut des cordes.

• **Une femme lépreuse vient d'accoucher…**
– Alors, c'est un garçon ou une fille ? demande-t-elle au médecin accoucheur.
– Patientez un moment, lui répond-il, il faut d'abord que l'on trie les morceaux !

• **Quel point commun y a-t-il entre Rocco Siffredi et Karl Lagerfeld ?**
Ils ont tous les deux une queue de cheval !

• **Je suis une couleur ou une douleur. Qui suis-je ?**
Le bleu.

• **Que dit un Chinois quand on lui raconte une histoire drôle ?**
J'ai riz.

• **Que se disent deux Portugais lorsqu'ils se rencontrent ?**
En chantier !

• **Quel est le moyen le plus sûr pour les joueurs marseillais d'avoir une coupe ?**
C'est d'aller chez le coiffeur !

• **Un homme cannibale avoue à sa future femme :**
– Tu sais, je n'aime pas du tout les enfants !
– Bon ben… Mange au moins les carottes !

• **J'ai cinq doigts mais je n'ai pas d'os.** Qui suis-je ?
Un gant.

• **Que contemple Spiderman dans le ciel ?**
L'étoile d'araignée.

• **Deux extraterrestres sont envoyés sur terre pour ramener sur leur planète deux êtres intelligents.** Après les avoir laissés quelques années en captivité, les extraterrestres perdent patience :
– Ils sont peut-être intelligents, mais ils ne veulent pas se reproduire en captivité !
Et ils décident donc de renvoyer sur la Terre les deux ordinateurs…

• **Ta mère pue tellement de la gueule qu'on lui raccroche au nez quand on l'a au téléphone.**

• **Quel point commun y a-t-il entre une Renault et un chien guide ?**
Il faut être aveugle pour en acheter !

• **Comment sait-on qu'une femme lépreuse a pris du plaisir à faire l'amour ?**
Quand elle a pris son pied, elle l'a ensuite laissé sur place.

• **Quel est le sport préféré des racailles ?**
Le sport hippique. Hippique ta voiture, hippique ton portefeuille, hippique ton portable…

• **Que se passe-t-il quand il y a trop de poils ?**
On ne voit pubien…

• **Qu'est-ce qu'une anorexique avec une pièce de 1 euro sur la tête?**
Un clou.

• **Comment distingue-t-on un anorexique riche d'un anorexique pauvre?**
L'anorexique riche a une Rolex autour de la taille!

• **Qu'est-ce qu'un anorexique qui fait caca?**
Un miracle!

• **Quel est le sport préféré des anorexiques?**
Le triple saut: sauter le déjeuner, le dîner et le souper!

• **Quel est le passe-temps de Spiderman?**
Surfer sur la toile.

• **En Corse, un touriste descend à la réception de son hôtel pour se plaindre:**
– Je me suis fait voler ma montre corse par un Suisse!
– Vous voulez plutôt dire qu'un Corse vous a volé votre montre suisse?
– Oui, mais… ce n'est pas moi qui l'ai dit!

• **Qui sont les rappeurs les plus connus en Russie?**
Kool Tchéchène et Joey Tsar!

• **Quel est le comble pour un électricien?**
C'est de péter les plombs!

• **Deux racailles volent une Ferrari.** La police les prend en chasse, mais dans un virage, la Ferrari file tout droit dans un mur… Les deux racailles meurent sur le coup. Que va-t-on regretter le plus?
Qu'il n'y ait que deux places dans la Ferrari!

• Il était une fois quatre jeunes Chinois, Bu, Chu, Su et Fu, qui décidèrent de fuir leur pays pour les États-Unis. Afin de s'intégrer dans sa nouvelle patrie, chacun décida d'américaniser son nom. L'administration américaine baptisa « Buck » le Chinois anciennement nommé Bu et « Chuck » le Chinois qui s'appelait Chu. Quant à Su et Fu, ils préférèrent rentrer chez eux…

• Pourquoi les électriciens aiment-ils autant les blondes ?
Parce qu'elles ne sont pas des lumières.

• Ta mère est tellement moche que même son chien ne veut pas la reconnaître.

• Combien faut-il de Schtroumpfs pour repeindre un mur ?
Tout dépend de la force à laquelle on les jette contre le mur.

• Pourquoi les petits lépreux ont-ils du mal à apprendre à compter ?
Parce qu'ils n'ont plus assez de doigts.

• Qu'est-ce qu'un bras dans l'espace ?
Un lépreux qui a fait de l'auto-stop !
Et qu'est-ce que deux bras dans l'espace ?
Un lépreux qui a fait la ola !

• Que commande un pilote de chasse quand il va au McDo ?
Un Mach 2.

• Lorsque Dieu a créé le soleil, le diable a créé le coup de soleil…
Lorsque Dieu a créé la pomme, le diable a créé le ver…
Lorsque Dieu a créé le sexe, le diable a créé le mariage…
Lorsque Dieu a créé l'avocat, le diable a créé un autre avocat

• Quelle différence y a-t-il entre Ayrton Senna et les Allemands de l'Est?
Les Allemands de l'Est, eux, ils ont réussi à casser le mur!

• Où dort Dracula quand il séjourne aux États-Unis?
Au Vampire State Building.

• Pourquoi Dracula aime-t-il être un vampire?
Parce qu'il a ça dans le sang.

• Un type s'approche d'une fille et lui demande:
– Ça va? Tu n'as pas eu trop peur? Tu n'es pas restée traumatisée?
– Heu… De quoi?
– Quand il y a eu le feu dans ton berceau et que tes parents l'ont éteint avec une pelle!

• Quel est le comble pour un pompier?
C'est d'avoir un camion flambant neuf.

• Ta mère est tellement moche qu'elle se fait virer des Photomaton.

• Qu'est-ce qui est rose et qui fond dans la bouche?
Le sexe d'un lépreux!

• Que dit Batman quand il ne peut répondre à une question?
Joker!

• Pourquoi Hulk a-t-il un beau jardin?
Parce qu'il a la main verte!

• Comment sait-on qu'un lépreux vous a écrit?
La langue est cachetée dans l'enveloppe.

• **C'est l'histoire d'une Lada qui roule dans une bouse de vache.** La bouse lui dit :
– Eh ! T'es qui toi pour me passer dessus !
– Je suis une voiture ! lui répond la Lada.
– Ouais, c'est ça, et moi je suis une pizza…

• **Combien de temps faut-il pour aller de Paris à sa banlieue en empruntant le RER ?**
On s'en fout, c'est plus rapide d'y aller à pied !

• **Quelle différence y a-t-il entre Windows et un virus ?**
Le virus fonctionne très bien.

• **Pourquoi Tarzan est-il tombé ?**
Parce que Cheetah avait chié sur sa liane…

• **Un avocat fait sa plaidoirie…**
– Monsieur le juge… Lorsque vous mettez une pièce dans la fente d'un distributeur de boisson et qu'il en tombe une canette, à qui est cette canette ? À vous ou bien au distributeur ?
– À moi, de toute évidence ! répond le président.
– Ah ! fait l'avocat. Donc, l'enfant appartient bien à mon client…

• **Comment appelle-t-on le sexe de la Schtroumpfette ?**
La Bluetouffe.
Et comment appelle-t-on le cul du grand Schtroumpf ?
Le Blu-raie.

• **Pourquoi n'y a-t-il pas d'accès aux fauteuils roulants chez McDo ?**
Parce qu'ils font quick-quick-quick…

• **Qu'est-ce que trois lépreux dans un sac-poubelle ?**
Un paquet de chips géant !

• **À quoi sert le dégivrage arrière sur une Lada?**
À ne pas se geler les mains quand on la pousse!

• **Ta mère est tellement moche qu'on vérifie les cages quand elle sort du zoo.**

• **Quand un lépreux doit-il quitter une partie de poker?**
Quand il perd la main…

• **Un type défie Superman au bras de fer et le bat facilement.**
Superman est très étonné…
– C'est la première fois que je perds! Quel sport fais-tu pour avoir un bras aussi fort?
– Aucun. Je suis célibataire depuis quarante ans…

• **Que vend un peintre lépreux pour gagner sa vie?**
Des vieilles croûtes…

• **Quelle différence y a-t-il entre une crotte de nez et du céleri?**
Le céleri, ce n'est vraiment pas mangeable!

• **Un borgne se promène dans la rue.** Alors qu'il s'apprête à traverser, il croise une jolie fille… Il lui fait un clin d'œil, et il meurt écrasé…

• **Pourquoi les Français ont-ils le dos qui pue?**
À force de péter plus haut que leur cul!

• **Quelle différence y a-t-il entre un jardin d'enfants et l'Assemblée nationale?**
Le jardin d'enfants est sous la surveillance d'un adulte!

• **Quel point commun y a-t-il entre un avocat et un spermatozoïde ?**
Ils ont une chance sur trois millions de devenir un jour un être humain.

• **Une femme entre dans un ascenseur dans lequel se trouve déjà un homme.** Au bout d'un instant, l'homme demande à la femme :
– Pourrais-je sentir votre petite culotte ?
– Bien sûr que non ! Espèce de malade ! répond la femme offusquée.
– Alors pardonnez-moi, ce doit être vos pieds…

Perles politiques

• « **Moi j'ai couvert la fraude fiscale ?!!** Alors que j'ai lancé toutes les procédures pour renforcer la fraude fiscale. »
Éric Woerth

• « **Pour désespérer de François Bayrou, encore faudrait-il que j'aie un jour placé de l'espoir en lui.** »
Nicolas Sarkozy

• « **On sortira de la crise, et le jour où on sortira de la crise, on en sera certain car l'économie française recommencera à créer des impôts, à créer des emplois.** »
Christine Lagarde

• « **Il n'y a rien de plus terrible pour un soldat anonyme que de mourir inconnu.** »
François Hollande

• « **Épouse :** mot tombé en désuétude. À remplacer impérativement par "travailleuse maritale non rémunérée", "survivante de l'incarcération domestique" ou même "prostituée légalisée". »
André Santini

• « **Avant de juger les propositions d'Emmanuel Macron, je vais attendre qu'elles soient abandonnées.** »
François Fillon

• « **Il faut protéger les crétins d'Irak.** Pardon… les chrétiens d'Irak. »
Bernard Kouchner

• « **Le président de la République a fait une promesse folle…** Euh… ferme… »
Chantal Jouanno

• « **Avec 5 % on finit Premier ministre, avec 17 % on finit chez Habitat.** »
Fleur Pellerin

• « **Heureusement, messieurs, que je dispose de vos journaux pour apprendre ce que je pense.** »
Charles de Gaulle

• « **Guérini dit qu'il n'est ni de droite ni de gauche ;** alors il est forcément du milieu… »
Patrick Mennucci

• « **En réalité, il y a deux types de fichiers…** Y'a le fichier des empreintes génitales et le fichier des empreintes génétiques. »
Brice Hortefeux

• « **Ils peuvent toujours nommer Donald à l'Europe ;** c'est quand même Picsou qui commande. »
Jean-Luc Mélenchon

• « **Rendez-vous compte, dans ma famille ils ont tous voté Hollande.** Sauf Jacques ; mais il ne le sait pas. »
Bernadette Chirac

• « **L'histoire me sera indulgente car j'ai l'intention de l'écrire.** »
Winston Churchill

• « **Je demande aux Français de ne pas aller dans les zones à risques parce que c'est dangereux.** »
François Hollande

• « **On n'a qu'à l'appeler emprunt Giscard d'Estaing, c'est un beau nom d'emprunt.** »
Charles de Gaulle

• « **Les réformes consensuelles sont celles qu'on laisse dans les tiroirs**; Bayrou a été très généreux avec les tiroirs. »
Najat Vallaud-Belkacem

• « **Nous avons commis la plus belle escroquerie du siècle:** nous avons fait croire aux Français que nous étions de droite. »
Charles Pasqua

• « **C'est un chiffre faible, mais c'est celui que j'avais annoncé.** »
Michel Sapin

• « **Jack Lang avait toutes les qualités pour briguer la présidence de la République.** C'est pour cela que je l'ai chaudement encouragé à se retirer. »
François Hollande

• « **Il y a ceux qui n'attendent plus rien**; je fais en sorte de leur apporter ce qu'ils attendent. »
François Hollande

• « **En politique, on succède à des imbéciles et on est remplacé par des incapables.** »
Georges Clemenceau

• « **Il faut pousser les autobus propres.** »
Ségolène Royal

• « **Il faut rétablir la pine de mort.** »
Jean-Marie Le Pen

• « **Il y a aussi le défi de la mondialisation, parce que le monde n'est pas facile, et parfois, il n'est pas gentil.** »
François Hollande

• « **Si Bush et Thatcher avaient eu un enfant ensemble, ils l'auraient appelé Sarkozy.** »
Robert Hue

• « **On a une recrudescence de violence…** par exemple le vol des portables à l'arraché ? Ça n'existait pas avant que les portables existent. »
Nadine Morano

• « **Avec Staline, quand on avait dix à partager, il disait :** "Bien ! On ne parle pas des cinq qui sont à moi. Qu'est-ce qu'on fait avec les cinq vôtres ?" »
Winston Churchill

• « **Quand ça va bien, on devrait se rappeler que ça ne va pas durer.** Et quand ça va mal, on peut penser que cela pourrait aller plus mal ou que ça ne va pas durer. »
François Hollande

• « **Le premier minus a eu raison.** »
Jean-Louis Borloo

• « **Les affaires au cul, ça se soigne comme les hémorroïdes.** »
Roland Dumas

• « **Je mange du musulman tout cru à mon petit déjeuner comme ne l'interdit pas le Prophète.** »
Jean-Marie Le Pen

• « **Je ne suis pas un fraudeur, je suis un contribuable négligent.** »
Jérôme Cahuzac

• **« Oui mais c'est difficile d'expliquer à des cons…** à des hommes et des femmes qui… »
Hervé Morin

• **« Laurent Wauquiez, c'est le Fou du Puy. »**
François Baroin

• **« …** peut être rédigé de manière plus claire, peut-être un gode… un code de bonne conduite. »
Rachida Dati

• **« On change le bocal, mais on garde les mêmes cornichons. »**
Jean-Christophe Lagarde

• **« Je me retrouve avec la journée des droits de l'homme sur les bras et Kadhafi sur le tarmac… »**
Rama Yade

• **« Je distribue le hallal la semaine pour la diversité et j'interdis le poisson le vendredi pour la laïcité. »**
Roland Ries

• **« La meilleure façon de résoudre le chômage, c'est de travailler. »**
Raymond Barre

• **« Hollande est pour le mariage pour tous…** Sauf pour lui ! »
Gérard Longuet

• **« Nicolas Sarkozy l'a dit :** il souhaite devenir le patron… euh, le président de tous les Français. »
Rachida Dati

• **« Il faut laisser aux femmes le temps de se retourner. »**
Marisol Touraine

• **« Plus que jamais, il faut que les femmes se serrent les couilles…** pardon, les coudes ! »
Dominique Voynet

• **« Être ancien ministre, c'est s'asseoir à l'arrière d'une voiture et s'apercevoir qu'elle ne démarre pas. »**
François Goulard

• **« Le bobsleigh, c'est comme l'amour :** on hésite au début, on trouve cela très bien pendant, et on regrette que cela soit déjà terminé après. »
Roselyne Bachelot

• **« Ce n'est pas plus mal que ce soit une femme qui soit élue pour faire le ménage… »**
Ségolène Royal

• **« M.** Rocard raisonne en milliards d'années-lumière. En réalité, il a plus d'années que de lumière. »
Valéry Giscard d'Estaing

• **« Eva Joly, c'est un pour tous, tous pour un et deux pour cent. »**
Pierre Charon

• **« Après la guerre, deux choix s'offraient à moi :** finir ma vie comme député, ou la finir comme alcoolique. Je remercie Dieu d'avoir si bien guidé mon choix : je ne suis plus député ! »
Winston Churchill

• « **Me faire passer pour quelqu'un de raciste, je trouve ça choquant…** Ma meilleure amie est tchadienne, donc plus noire qu'une Arabe… »
Nadine Morano

• « **Je vais répondre à une question qui, au fond de la salle, ne m'a pas été posée !** »
Charles de Gaulle

• « **L'heure d'été aura surtout un avantage :** une heure de moins de Nicolas Sarkozy. »
Bernard Cazeneuve

• « **Un électeur du Front national c'est un électeur de l'UMP qui s'est fait cambrioler deux fois.** »
Jean-Marie Le Pen

• « **0 % pour un fromage c'est bon pour la santé, mais pas pour un sondage présidentiel.** »
Jean-Christophe Lagarde

• « **Il y a eu à la fois une invasion…** euh, une immigration en provenance d'Afrique et du Maghreb… Non pas une invasion, qu'il n'y ait pas de lapsus sur le sujet ! »
Éric Besson

• « **Quel est le féminin de candidat aux cantonales ?** C'est suppléante. »
Cécile Duflot

• « **Il faut redonner de la précarité, c'est un vrai combat.** »
Ségolène Royal

• **« Il y avait tellement de gens à mon enterrement que j'ai décidé de ne pas m'y rendre. »**
Patrick Devedjian

• **« Je veux mettre au service des injustices plus de moyens. »**
Nicolas Sarkozy

• **« Rassembler les centristes c'est comme conduire une brouette pleine de grenouilles :** elles sautent dans tous les sens. »
François Bayrou

• **« Je ne trahis pas mon camp, j'en prépare un autre ! »**
Jean-Pierre Soisson

• **« Une touche de rose, vert, rouge, c'est le retour de la gouache plurielle. »**
Luc Chatel

• **« La différence entre l'extrême droite et la droite, c'est la différence entre une arrière-pensée et une pensée. »**
Laurent Fabius

• **« Tout le monde veut savoir s'il y a du cheval dans ce que l'on mange, mais la traçabilité des enfants, qu'est-ce qu'on en fait ? »**
Nicolas Sarkozy

• **« Moi quand j'en vois certains qui demandent des rentabilités à 20-25 %, avec une fellation quasi nulle, et en particulier en période de crise… »**
Rachida Dati

• **« Le seul Tapie qui a de l'avenir ici, c'est le tapis de prière. »**
Stéphane Ravier

• **La journaliste :**
– J'aime, j'aime pas : Renault, tous coupables, sauf Carlos Ghosn.
Nadine Morano :
– J'aime Renaud sur certaines chansons, pas tous, mais celle-là je ne l'ai pas entendue, donc je peux pas vous dire si je l'aime ou pas.

• « **Je souhaite à Valérie Trierweiler sa juste place** ; et à Ségolène Royal juste une place. »
Jean-Pierre Raffarin

• **« Compte tenu des méthodes qui sont employées pour exploiter ces gisements de gaz de *shit*, de schiste. »**
François Fillon

• **« Elle ne fait rien, mais elle le fait avec ténacité. »**
Charles Pasqua

• « **C'est donc un projet extrêmement vague.** Euh… vaste ! »
Martine Aubry

• **« Pourquoi démissionner quand on est innocent. »**
Jérôme Cahuzac

• **Lionel Jospin :**
– C'était pas un directeur du Front national classique.
Le journaliste :
– Directeur du FMI.
Lionel Jospin :
– Qu'est-ce que j'ai dit ?
Le journaliste :
– Du Front national.
Lionel Jospin :
– Oui bon, voyez, il était temps que je m'arrête !

• **« Un gay qui vote à droite, c'est comme une dinde qui vote à Noël. »**
Jean-Luc Romero

• **« Les promesses n'engagent que ceux qui les reçoivent. »**
Jacques Chirac

• **« Quand on ne va pas assez loin, c'est déjà qu'on va quelque part. »**
Michel Sapin

• **« Christophe Colomb fut le premier socialiste :** il ne savait pas où il allait, il ignorait où il se trouvait… et il faisait tout ça aux frais du contribuable. »
Winston Churchill

• **« Je crois à un retour de Nicolas Sarkozy ;** mais menotté. »
Arnaud Montebourg

• **« La France est encore au purgatoire puisqu'il reste des socialistes. »**
Jean-Pierre Raffarin

• **« Au centre, on n'est pas chargé d'être la roue de secours du** *Titanic* **? »**
Hervé Morin

• **« C'est un gode, un code qui sera finalement de bonnes pratiques… »**
Rachida Dati

• **« Jean-Marie Le Pen, un tract ambulatoire pour Manuel Valls. »**
Gilbert Collard

• « Ferme donc ta gueule, espèce de Collard ! »
Jean-Marie Le Pen

40 idées pour emmerder le monde

1. Remplissez un Caddie jusqu'en haut, puis abandonnez-le dans un rayon du supermarché. Allez en chercher un autre, puis recommencez !

2. Répondez à une petite annonce pour l'adoption de chatons et demandez le temps de cuisson conseillé par le ou la propriétaire.

3. Faites votre jogging sur une plage bondée, entre les gens étendus, de manière à envoyer du sable sur tout le monde !

4. Promenez-vous avec un parapluie ouvert pour vous faire de la place sur les trottoirs !

5. Avant de vous rendre chez quelqu'un ou de monter dans sa voiture, pensez à marcher dans toutes les merdes de chien que vous rencontrerez !

6. Lors d'un passage en caisse, cherchez absolument à faire l'appoint tout en sachant que vous ne pouvez pas…

7. Lorsqu'il y a du monde derrière vous, entêtez-vous à essayer de passer un ticket usagé aux tourniquets du métro, dans un bus, à la caisse d'un parking…

8. Traversez très lentement aux passages piétons sans remercier le conducteur qui s'est courtoisement arrêté et refaites vos lacets au milieu de la chaussée !

9. Déposez cinq boîtes de préservatifs dans le Caddie d'une maman juste avant qu'elle ne passe en caisse.

10. Suppliez un chauffeur de bus pour qu'il rouvre les portes et dites-lui au moment de monter : « Ah ben non, je m'suis trompé de bus ! »

11. Disputez une partie de raquette sur la plage, au-dessus d'une personne allongée.

12. Tentez de passer tantôt à gauche, tantôt à droite d'un passant pressé afin de l'obliger à s'arrêter.

13. Garez-vous à cheval sur deux places de parking !

14. Essayez de monter dans le métro avant que les autres ne soient descendus.

15. Garez-vous trop loin de la caisse automatique de l'autoroute de manière à devoir descendre pour payer.

16. Mettez-vous devant une place qui se libère sur le parking bondé d'un supermarché le samedi avant Noël, de manière à empêcher les automobilistes de s'y garer en prétextant que la place est réservée…

17. Faites du stop pour… demander l'heure !

18. Commandez une pizza en demandant que l'on écrive « bon anniversaire » avec les anchois.

19. Dites à une mère que son petit-fils est très mignon et qu'elle doit être une grand-mère comblée !

20. Téléphonez tout en croquant et mâchant bruyamment une pomme.

21. Calez à un feu et ne parvenez pas à redémarrer tout le temps qu'il reste au vert.

22. Apprenez à vos enfants à toujours répondre au téléphone et à systématiquement demander : « C'est de la part de qui ? » puis « C'est pour quoi ? »

23. En commençant par dévoiler la fin, racontez tout le film à la file d'attente devant un cinéma.

24. Ralentissez au maximum à l'approche d'un feu qui est au vert de manière à ce que le moins d'automobilistes possible puisse passer.

25. Lors d'un passage en caisse, vérifiez scrupuleusement le prix de tous les produits sur le ticket avant de payer !

26. Invitez des gens à dîner et, lorsqu'ils se présentent, dites-leur qu'ils se sont trompés de jour !

27. Prêtez un roman policier à quelqu'un en ayant pris soin d'arracher les dernières pages…

28. Racontez une très longue histoire drôle et… oubliez la fin !

29. Offrez aux enfants des Kinder Surprise que vous aurez méticuleusement ouverts et refermés pour en retirer la surprise !

30. Faites croire à un serveur qu'il a gagné un bon pourboire en réglant par chèque et en laissant en évidence un billet de 10 euros dessus. Billet qui viendra en fait en complément du chèque pour atteindre le montant de l'addition !

31. Faites une bombe juste à côté d'une vacancière qui, manifestement frileuse, a du mal à entrer dans l'eau...

32. Demandez à la caissière d'un McDo la composition des hamburgers avant de choisir...

33. Après une séance de sport, demandez à quelqu'un de bien vouloir renifler sous votre bras pour savoir si vous sentez la transpiration.

34. Relevez et corrigez toutes les fautes de français de la personne qui vous parle.

35. Sortez trois cartons de photos de famille pour les montrer aux amis que vous avez invités à dîner et qui s'apprêtaient à partir.

36. Profitez d'un arrêt à la caisse d'un péage sur l'autoroute pour sortir de votre véhicule afin de vous dégourdir les jambes et de faire quelques étirements !

37. Plantez votre parasol devant quelqu'un pour lui cacher la mer et installez-vous plus loin...

38. Condamnez l'accès à vos toilettes lorsque vous avez des invités à la maison...

39. Chantez une chanson bien pénible jusqu'à ce que tout le monde ait l'air dans la tête.

40. Si vous vous ennuyez, allez vous promener dans un supermarché et amusez-vous à déplacer les Caddies des clients d'un rayon à un autre...

Troisième âge

• **Deux personnes très âgées se rencontrent dans une maison de retraite.** C'est le coup de foudre entre le vieux monsieur et la vieille dame, qui décident aussitôt de se marier. Lors de leur nuit de noces, le couple partage pour la première fois le même lit. Avant de s'endormir, le vieil homme prend la main de sa femme dans la sienne et la serre très, très fort. Sa femme en fait autant, et le couple s'endort… Le second soir, l'homme prend la main de sa douce et tendre épouse et la serre très, très fort avant que tous deux ne s'endorment… Le troisième soir, le vieux monsieur prend la main de sa femme et celle-ci lui dit:
– Pas ce soir, chéri… J'ai la migraine.

• **Quelle différence y a-t-il entre un vieux et un pénis?**
On n'a pas besoin de secouer le vieux pour qu'il bave!

• **Quel point commun y a-t-il entre un vieillard et un sapin de Noël?**
Les boules ne servent qu'à la décoration…

• **Une petite vieille emprunte un ascenseur dans lequel se trouvent déjà deux femmes.** L'une d'elles fait sentir son parfum à l'autre tout en lui disant:
– C'est de chez Dior… 200 euros le flacon!
Et l'autre fait alors sentir le sien…
– Chanel… 350 euros les 100 ml!
La petite vieille arrive enfin à son étage et, juste avant de sortir de l'ascenseur, lâche un énorme pet en disant:
– Flageolets de chez Lidl, 1,75 euro la boîte!

• **Un vieux monsieur entre dans une pharmacie et commande du Viagra.**
– Vous souhaitez combien de comprimés, monsieur? demande la pharmacienne.
– Eh bien, vous n'avez qu'à m'en donner pour un mois… Je vais prendre un quart de comprimé le matin, un quart le midi, un

quart l'après-midi et le dernier quart le soir !
– En principe, monsieur, le comprimé se prend en entier. Je doute que cela fasse suffisamment d'effet si vous le prenez ainsi…
– Oh si ! Ça devrait suffire parce qu'à mon âge, ce que je veux, c'est juste arriver à pisser assez loin pour ne pas mouiller mes chaussons !

• **Quelques jours avant Noël, toute une famille est réunie à table.** Un petit garçon qui attend avec impatience le 25 décembre se met à hurler :
– Je veux une PS4 ! Je veux une PS4 !
Son père lui demande de se taire, mais quelques instants plus tard, le petit garçon reprend :
– Je veux une PS4 ! Je veux une PS4 !
Sa mère intervient :
– Arrête de crier comme ça ! Le Père Noël n'est pas sourd !
– Oui, maman ! Le Père Noël n'est pas sourd, mais mémé, oui !

• **Un vieux couple entre dans un lieu de restauration rapide.** Il attire immédiatement l'attention tant il semble encore uni et amoureux. Le vieux monsieur avance à petits pas pour commander un repas comprenant un hamburger, une boisson gazeuse et une portion de frites. Il paie et va rejoindre sa vieille épouse déjà installée à une table. L'homme coupe le hamburger en deux, puis il compte les frites et en laisse la moitié à sa femme. Puis il se met à manger… Sa vieille femme, elle, ne fait que siroter la boisson de temps en temps et regarde, avec envie, son mari manger. Touché par la scène, un jeune homme s'approche et leur propose de leur acheter un autre repas. Le vieil homme dit :
– C'est gentil, jeune homme, mais ne vous inquiétez pas pour nous. Nous avons l'habitude de tout partager !
Le jeune homme se rassoit mais ne peut s'empêcher de continuer à observer ce vieux couple si touchant. Il constate que le vieil homme n'a toujours pas terminé sa moitié de hamburger et que son épouse n'a pas encore commencé la sienne. Au bout

d'un moment, le jeune homme craque à nouveau et se rend à la table du couple. Il insiste :
– S'il vous plaît, laissez-moi vous payer un autre repas. Ça me ferait plaisir !
Cette fois-ci, c'est la vieille femme qui prend la parole :
– Ne vous inquiétez pas, jeune homme ! Mon mari et moi, nous partageons tout !
– Mais madame, je vois bien que vous ne mangez pas. Vous n'avez pas encore touché à vos frites et à votre moitié de hamburger ?
La vieille femme lui répond :
– Ah… C'est donc ça qui vous trouble ! Je comprends votre méprise, jeune homme, mais sachez que j'attends simplement que mon mari finisse sa moitié pour qu'il me prête le dentier !

• **Un jeune adolescent demande des conseils auprès de son grand-père…**
– Dis-moi, comment ça se passe sexuellement quand on vieillit ?
– Ah ! C'est une bonne question, ça ! Quand on est jeune, comme toi, on peut faire l'amour tous les jours et même plusieurs fois par jour ! On est assez souple pour faire toutes les positions du *Kama-sutra*, mais quand on vieillit, on finit par adopter une seule position, toujours la même ! Et un jour on devient vieux, très vieux… comme moi… Et là, il ne te reste que la bouche pour pratiquer le sexe !
– La bouche ?
– Oui ! Ta mamie et moi, tous les soirs quand on se couche, on se dit : « Va te faire foutre ! »

• **Une vieille femme de 90 ans en a marre de la vie.** Elle décide de prendre le pistolet de son défunt mari pour se tirer une balle dans le cœur… Elle applique alors le canon du pistolet juste en dessous de son sein gauche et tire… Résultat : elle s'est explosé le genou !!!

TiENS !
COMMENT VAS-TU ?
MON MARi EST MORT LA SEMAiNE DERNiÈRE... TU NE SAVAiS PAS ?
NON !
ON NE M'A RiEN DiT. JE SUIS DÉSOLÉE ! COMMENT EST-CE ARRiVÉ ?
JE LUi Ai DEMANDÉ D'ALLER AU JARDIN RAMASSER QUELQUES PATATES POUR LE DÎNER ET iL EST TOMBÉ RAiDE MORT ! CRiSE CARDiAQUE...
OH... ET QU'AS-TU FAiT ?
BEN... J'Ai OUVERT UNE CONSERVE.
CHALVIN.

• **Qu'est-ce qui est blanc et qui tombe en hiver lorsqu'il fait très froid?**
Les petits vieux!

• **Un vieux monsieur, juste avant de mourir, avait donné son secret de longévité à un de ses petits-fils:** « Chaque matin, j'ai mis un peu de poudre à canon dans mon café au lait! » Le petit-fils suivit les conseils de son grand-père et, chaque matin de sa vie, il déjeuna d'un bol de café au lait avec un peu de poudre à canon dedans. Il vécut jusqu'à l'âge de 97 ans! Il laisse derrière lui 9 enfants, 32 petits-enfants, 51 arrière-petits-enfants et un cratère de 10 mètres au crématorium…

• **Deux vieilles mamies discutent sur un banc:**
– J'ai entendu aux infos qu'en Chine une femme avait brûlé son mari!
– Eh bien! Quand je pense que, nous, on n'en trouve pas et que, là-bas, on les brûle…

• **Un petit questionne sa grand-mère:**
– Dis, mamie? Tu étais coiffeuse avant que t'étais jeune?
– Non… Pas du tout! Qu'est-ce qui te fait dire ça?
– C'est papa! Il a dit que tu frisais la soixantaine et que tu allais nous raser toute la journée!

• **Qu'est-ce qu'une vie jalonnée de succès?**
À 2 ans, ne plus faire dans sa culotte.
À 3 ans, avoir des dents.
À 10 ans, avoir plein d'amis.
À 17 ans, faire l'amour.
À 18 ans, avoir son permis de conduire.
À 35 ans, avoir de l'argent.
À 50 ans, avoir de l'argent.
À 60 ans, toujours avoir son permis de conduire.
À 70 ans, toujours faire l'amour.

À 75 ans, toujours avoir des amis.
À 80 ans, toujours avoir des dents.
À 85 ans, ne toujours pas faire dans sa culotte…

• **Une journaliste se promène dans un parc et remarque un très vieux monsieur qui lance du pain aux pigeons.** La femme s'assoit à côté de lui et commence à l'interviewer :
– Vous venez souvent ici ?
– Tous les jours ! répond le vieux monsieur. Je viens donner du pain aux pigeons !
L'homme sourit… La journaliste lui demande :
– Quel est le secret de cette joie de vivre ?
– Mon secret, c'est le whisky ! J'en bois une bouteille par jour !
– Une bouteille par jour ? C'est incroyable ! Et depuis quand ?
– Bof… Depuis l'âge de 20 ans.
– Vous semblez encore en forme ?
– Oui… Même que si vous voulez tirer un p'tit coup, j'suis disponible !
– Non, merci. Vous avez dû faire beaucoup de sport quand vous étiez jeune ?
– Non, jamais !
– Vos mains sont usées… Vous avez beaucoup travaillé ?
– Jamais ! J'ai jamais travaillé de ma vie !
– Mais vous avez un logement ?
– Non… Je dors sous le pont qui est là-bas !
– Je vous plains… Vos rides sont profondes, je suppose que vous avez dû être marqué par beaucoup d'évènements. Vous avez dû en vivre des choses, non ?
– Pas tant que ça…
– Et quel est le secret de votre longévité ?
– J'sais pas… La drogue peut-être ? Ça fait passer le temps.
– Vous êtes quelqu'un d'incroyable. Quel âge avez-vous ?
– 24 ans !

• **Un couple très âgé décide de divorcer.** À la demande du juge, un médiateur tente de sauver leur mariage avant que le divorce ne soit définitivement prononcé. Aussi se rencontrent-ils dans le bureau d'un conciliateur afin de donner une dernière chance à leur relation. Mais là, le ton monte rapidement et les insultes fusent... La femme se met à vouloir griffer son mari et le médiateur est obligé de s'interposer entre les deux pour éviter la bagarre. Découragé par un tel manque de volonté à trouver une solution, le médiateur demande à la petite vieille :
– Vous êtes mariés depuis l'âge de 18 ans. Vous avez, madame, 95 ans ! Et votre mari en a 98 ! Pourquoi tout gâcher maintenant ?
La mamie lui répond :
– Ça fait 55 ans qu'on ne se supporte plus ! Mais on s'est toujours promis d'attendre que tous nos enfants soient morts avant de divorcer !

• **Un vieux couple décide de revivre son voyage de noces cinquante après.** Ils prennent le même train, dorment dans le même hôtel et vont dîner dans les mêmes restaurants. Ils partent à la chasse aux souvenirs avec nostalgie. Trois semaines plus tard, le meilleur ami du mari lui demande :
– Alors ? Comment c'étaient vos noces d'or ?
Le vieil homme lui répond :
– C'était comme avant ! On a tout fait pareil. Mais cette fois-ci, lui dit-il tristement, c'est moi qui suis allé m'effondrer en larmes dans la salle de bain.

Blondes
vs
brunes et rousses

• **Une brune à sa copine blonde :**
– Des fois je me dis que je n'aimerais pas être dans ta tête…
– Pourquoi ?
– Parce que j'ai peur du vide.

• **Une blonde est invitée chez une amie brune.** Elle arrive avec un petit présent : un portrait d'elle encadré !
– Merci… fait la brune un peu étonnée.
– De rien ! Je sais que tu as cassé ton miroir, alors je te le remplace !
– Mais c'est une photo de toi ?
– Oui, c'est pareil ! Je ne sais pas si tu as remarqué, mais dans les miroirs, on voit toujours la même chose : moi !

• **Quelle différence y a-t-il entre une rousse et un terroriste ?**
On peut négocier avec un terroriste.

• **Une blonde et une brune sautent du 20e étage d'un immeuble. Laquelle des deux va toucher le sol en premier ?**
La brune parce que son cerveau est beaucoup plus lourd.

• **Une brune, une rousse et une blonde qui traversent une forêt s'arrêtent devant un panneau signalant un danger :**
« Attention ! Sables mouvants ! Plus vous êtes con, plus vous vous enfoncez. »
La brune qui n'est pas inquiète se lance dans la traversée et ne s'enfonce que jusqu'aux chevilles. Puis la rousse entreprend de traverser à son tour et s'enfonce jusqu'aux fesses…
– Je te croyais plus intelligente que ça ! s'étonne la brune.
– En fait, lui répond-elle, je n'avais pas confiance en moi, alors… je me suis assise sur les épaules de la blonde !

• **Que fait une rousse dans un lit après l'amour ?**
Elle gêne.

• **Une blonde et sa copine brune décident de commander des pizzas.** La blonde compose le numéro de téléphone d'un restaurant, puis transmet sa commande et l'adresse de livraison. Une heure plus tard, les pizzas ne sont toujours pas arrivées...
– Tu as bien donné l'adresse? lui demande la brune.
– Oui.
– Et ils t'ont dit que nous serions livrées dans combien de temps?
– Je sais pas, ils n'ont rien dit. En fait, ça a décroché, mais personne ne parlait! J'ai quand même passé la commande mais... elle a dû tomber dans l'oreille d'un muet!

• **Quelle différence y a-t-il entre une brune et une otarie?**
L'une a des moustaches et la peau huileuse, l'autre c'est l'otarie.

• **Pourquoi les brunes n'aiment-elles pas les blagues que l'on raconte sur elles?**
Parce que ça les met de mauvais poil!

• **Les brunes sont tellement poilues que quand elles promènent un chien, c'est elles qu'on caresse!**

• **Les brunes sont tellement poilues qu'elles servent de moquette chez Saint-Maclou.**

• **Une blonde se confie à sa copine:**
– Je suis choquée! Y'a un mec qui m'a accusée d'avoir des pratiques sexuelles douteuses!
– Sans blague? Qu'est-ce qu'il t'a dit?
– Il m'a dit: « Faut que t'arrêtes de mettre des bâtons dans les roux! »

• **Comment savoir que vous avez satisfait une rousse?**
Elle délie vos liens!

• **Combien de temps durent les préliminaires pour une brune ?**
Huit heures. Six à saouler le gars et deux à le supplier !

• **Pourquoi Dieu a-t-il créé les brunes ?**
Pour que les hommes laids ne se sentent plus seuls.

• **Quelle différence y a-t-il entre une blonde et de la pâtée pour chien ?**
Dans la pâtée pour chien, il y a de la cervelle.

• **Quelle différence y a-t-il entre une brune et de la pâtée pour chien ?**
Dans la pâtée pour chien, il y a du cœur.

• **On ne dit pas :** « Une rousse qui a des gaz. »
Mais on dit… « Elle rouspète » !

• **Quelle différence y a-t-il entre une huître et une blonde ?**
L'une développe une perle de culture, l'autre est une perle d'inculture…

• **Comment appelle-t-on une femme qui sait où est son mari toutes les nuits ?**
Une rousse !

• **Qu'est-ce qu'une brune qui se fait teindre en blonde ?**
Une lobotomie.

• **Quelle différence y a-t-il entre une blonde et un avion ?**
La blonde colle et l'avion décolle.

• **Comment les brunes passent-elles la serpillière ?**
Elles lèvent les bras et avancent !

• **Quelle différence y a-t-il entre un gâteau et une blonde?**
Le gâteau a l'air moins tarte.

• **Pourquoi offre-t-on des fleurs aux blondes?**
Parce qu'un ballot de foin, c'est trop lourd!

• **Qu'est-ce qu'un buisson au bord de la route?**
Une brune poilue qui fait de l'auto-stop!

• **Comment reconnaît-on le petit ami d'une rousse?**
Avec ses ongles, elle a gravé « il est à moi! » dans son dos.

• **On ne dit pas:** « Je me suis fait une tache. »
Mais on dit… « J'ai couché avec une blonde »!

• **Pourquoi les maris des brunes ne boivent-ils pas?**
Parce que leurs femmes sont soûlantes!

• **Quelle différence y a-t-il entre le beurre qui sort du frigo et une brune?**
Le beurre qui sort du frigo est plus facile à étendre!

• **Une brune vient d'accoucher d'une ravissante petite fille.**
Un ami vient lui rendre visite à la maternité avec un présent.
– Tiens! C'est un cadeau pour ta petite fille… Son premier rasoir!

• **Quel ouvrage Albert Camus a-t-il dédié à une rousse?**
La Peste.

• **Pourquoi les brunes sont-elles si fières de la couleur de leurs cheveux?**
Parce qu'elle s'accorde très bien à celle de leur moustache!

• **Pourquoi dit-on que les brunes ont « plus de piquant » que les blondes ?**
À cause de la moustache…

• **Comment sait-on si une rousse a utilisé un ordinateur ?**
Il y a un marteau encastré dans l'écran.

• **Qu'est-ce que les brunes détestent le plus chez les hommes ?**
Qu'ils leur empruntent leur rasoir !

• **Un homme et une rousse sont les deux seuls survivants d'un naufrage.** L'île sur laquelle ils échouent est déserte. Les deux naufragés se nourrissent de coquillages et de crustacés et parviennent à capturer une chèvre qui leur donne leur lait quotidien. Au bout de quelques semaines, c'est l'abstinence sexuelle qui fait le plus souffrir les deux survivants. La rousse dit à l'homme :
– Je n'en peux plus… Fais de moi ce que tu veux !
– Vraiment, je peux ?
– Oui ! Demande-moi ce que tu veux !
– Génial ! dit l'homme. Tu peux me tenir la chèvre ?

• **Pourquoi les brunes sèchent-elles moins vite que les blondes ?**
À cause des poils…

• **Pourquoi les rousses ne peuvent-elles pas entrer en boîte ?**
Parce qu'il faut être accompagné.

• **Quelle différence y a-t-il entre les blondes et les brunes ?**
On aime surtout les blondes quand elles sont à poil, alors que les brunes, on les préfère habillées, car elles sont à poils…

• Quel point commun y a-t-il entre une brune et une chienne ?
L'une est poilue et aboie, l'autre est un animal familier…

• Qui de la rousse ou des piranhas est le moins dangereux ?
Les piranhas parce qu'ils attaquent uniquement en bande.

• Pourquoi les maris des brunes grossissent-ils ?
Parce que leurs femmes sont gonflantes !

• Quel point commun y a-t-il entre un frigo et une brune ?
Quand ils l'ouvrent, ça refroidit l'ambiance !

• Quel est le cri d'appel au sexe d'une rousse ?
Hé ! La blonde et la brune sont parties !!!

• Que faut-il faire quand votre pastis est trop chaud et que vous n'avez plus de glaçon pour le refroidir ?
Demandez à une brune de lui parler !

• Quelle différence y a-t-il entre une brune et l'abominable homme des neiges ?
L'un a du poil aux pattes et l'autre vit dans l'Himalaya…

• Qu'y a-t-il de plus chaud qu'une couverture de laine sur un lit ?
Une brune non épilée.

• Qu'est-ce qu'une rousse avec des problèmes relationnels ?
Un pléonasme.

• Sur une plage de naturistes, comment distingue-t-on une brune de son mari ?
L'un n'a pas de seins et a les jambes velues, l'autre a une paire de couilles…

• **Qu'est-ce qu'une brune montée sur les épaules d'une blonde?**
Un balai… car la blonde est conne comme un manche et la brune pleine de poils!

• **Quel point commun y a-t-il entre une brune et un artichaut?**
Le cœur est sous les poils!

• **Pourquoi les hommes offrent-ils des dîners aux chandelles aux rousses?**
Parce qu'elles sont plus jolies dans le noir…

• **Que faut-il faire pour se disputer avec une rousse?**
Dire quelque chose…

• **Où trouve-t-on le plus de brunes imberbes?**
Au crématorium.

• **Que ne faut-il surtout pas répondre à une brune énervée?**
Oh, la barbe!

• **À quoi reconnaît-on une rousse dans une boîte de nuit?**
C'est celle qui reste assise sur la banquette.

• **Quelle est la partie la plus poilue d'une brune?**
La partie extérieure!

• **Pourquoi faut-il toujours mettre plusieurs préservatifs pour faire l'amour à une brune?**
Pour ne pas avoir froid au sexe!

• **Qu'est-ce qui distingue la brune de l'animal?**
La brune se rase!

• **Quelle différence y a-t-il entre une rousse et un pitbull ?**
Le pitbull finit toujours par lâcher sa prise.

• **Quelle différence y a-t-il entre une brune et un frigo ?**
Le frigo s'allume quand tu rentres la viande.

• **Quand les brebis et les brunes écartent-elles les jambes ?**
Au moment de la tonte !

• **Pourquoi les brunes sont-elles lunatiques ?**
Parce qu'elles sont de bon ou de mauvais poil…

Contrepèteries

À la longue, je trouve ce camp agréable.
À la langue, je trouve ce con agréable.

•••

Achète-le que je rie !
Arrête-le que je chie !

•••

As-tu déjà vu les berges de Vendée ?
As-tu déjà vu les verges débander ?

•••

Auriez-vous de la mousse à la pistache ?
Auriez-vous de la pisse à la moustache ?

•••

Bernard Pivot a enfilé beaucoup de bouquins sur la 2.
Bernard Pivot a enfilé beaucoup de boudins sur la queue.

•••

C'est la première fois que je peux
observer l'écaille de ces moules !
C'est la première fois que je peux
observer les couilles de ces mâles !

•••

Ça pue dans le car !
Ça part dans le cul !

• • •

Ça te dirait des rillettes en fût ?
Ça te dirait des fillettes en rut ?

• • •

Ce que j'aime dans ce clip, c'est le son.
Ce que j'aime dans ce slip, c'est le con.

• • •

Ce que je préfère, c'est jouer du tennis en pension.
Ce que je préfère, c'est jouer du pénis en tension.

• • •

Cette pétillante vendeuse a l'habitude de proposer des fripes.
Cette frétillante vendeuse a l'habitude de proposer des pipes.

• • •

Chez les femmes, le cou est près du tronc.
Chez les femmes, le trou est près du con.

• • •

Comment est-il arrivé à pied par la Chine ?
Comment est-il arrivé à chier par la pine ?

• • •

Cosette nous a proposé de goûter à son jus.
Josette nous a proposé de goûter à son cul.

• • •

Dans la rue, j'ai vu deux carrioles sans mulet.
Dans la rue, j'ai vu deux marioles s'enculer.

• • •

Décaler les sons, c'est tout un art !
Dessaler les cons, c'est tout un art !

• • •

Elle est revenue de la ferme pleine d'espoir
jusqu'au pont du Jura.
Elle est revenue de la foire pleine de sperme
jusqu'au ras du jupon.

• • •

Elle porte un collier de citrouilles autour du cou.
Elle porte un collier de six couilles autour du trou.

• • •

Elles se plaisent en se baignant.
Elles se baisent en se plaignant.

• • •

Faites-le mander à bord!
Faites-le bander à mort!

•••

Hier soir, le curé a ramené la nonne.
Hier soir, le curé a ramoné la naine.

•••

Il adore la foule et aller à la messe.
Il adore la moule et aller à la fesse.

•••

Il est temps de changer les maths.
Il est temps de manger les chattes.

•••

Il est temps que je mette mon ampoule à la douille.
Il est temps que je mette mon andouille à la poule.

•••

Il ne faut pas chourer le bien du voisin.
Il ne faut pas bourrer le chien du voisin.

•••

Il paraît que les bonnes sœurs aiment chatouiller leur pape.
Il paraît que les bonnes sœurs aiment papouiller leur chatte.

•••

Ils souhaitent apprendre à calculer en cent leçons.
Ils souhaitent apprendre à s'enculer en caleçon.

• • •

J'ai accordé des chambres aux étudiantes
pour travailler leurs maths.
*J'ai accordé des membres aux étudiantes
pour travailler leurs chattes.*

• • •

J'ai du tracas jusqu'au cou.
J'ai du caca jusqu'au trou.

• • •

J'ai mis les chèques en valeur.
J'ai mis l'évêque en chaleur.

• • •

J'aime te voir allaiter la biche.
J'aime te voir allécher la bite.

• • •

J'aime vachement votre frangin.
J'aime franchement votre vagin.

• • •

J'aimerais bien dîner en pensant.
J'aimerais bien piner en dansant.

•••

Je me branche sur ce culot.
Je me branle sur ce cul chaud.

•••

Je me suis fait chourer ma batte par des voleurs !
Je me suis fait bourrer la chatte par des voleurs !

•••

Je me suis tordu l'humérus.
Je me suis mordu l'utérus.

•••

Je ne me suis jamais fait au chantier.
Je ne me suis jamais fait autant chier.

•••

Je souhaite un jour courir sur le mont.
Je souhaite un jour mourir sur le con.

•••

Je t'imagine en curé… avec une calotte !
Je t'imagine enculé… avec une carotte !

•••

L'évêque aime rentrer sa bête dans l'écurie.
L'évêque aime rentrer sa bite dans les curés.

•••

La magistrature assise ment debout.
La magistrature assise bande mou.

•••

Le chef de l'ENA raffole du porto.
Le chef de l'État raffole du porno.

•••

Le confesseur s'endort !
Le con des sœurs sent fort !

•••

Le nom de cette femme est bien coté.
Le con de cette femme est bien noté.

•••

Le vendeur vante ses bons côtés.
Le vendeur vante ses cons bottés.

•••

Les athées se battent, les abbés se taisent.
Les abbés se tâtent, les athées se baisent.

•••

Les lièvres n'aiment pas la chasse.
Les lèvres n'aiment pas la chiasse.

•••

Les meilleures pages se font à l'usine.
Les meilleures pines se font à l'usage.

•••

Les scorpions attaquent pas mal.
Les morpions attaquent Pascal.

•••

Ma femme m'a dit avoir secoué les mites de tous mes habits.
Ma femme m'a dit avoir secoué les bites de tous mes amis.

•••

N'oubliez pas l'âge du vaccin !
N'oubliez pas l'axe du vagin !

•••

Pratiquer le rugby donne l'occasion
de sonner quelques Berrichons.
Pratiquer le rugby donne l'occasion
de serrer quelques beaux nichons.

•••

Quand ça barde, c'est que les filles sont sur les dents.
Quand ça bande, c'est que les filles sont sur les dards.

•••

Quel bonheur de débrancher,
puis de se laisser couler dans son bain !
Quel bonheur de découcher,
puis de se laisser branler dans son bain !

•••

S'il te plaît, baisse ta lampe que je guette.
S'il te plaît, baisse ta langue que je pète.

•••

Sa poule mue, voilà pourquoi elle vit aux champs.
Sa moule pue, voilà pourquoi elle chie au vent.

•••

Salut Fred !
Phallus raide !

•••

Si je t'amène au cinéma, tu acceptes
que l'on s'ennuie dans la file ?
Si je t'amène au cinéma, tu acceptes
que l'on s'enfile dans la nuit ?

•••

Si tu me donnes un peu d'alcool, je t'en brûle dans la cuillère.
Si tu me donnes un peu d'alcool, je t'encule dans la bruyère.

•••

Superman a une bouille incroyable.
Superman a une couille imbroyable.

•••

Tu arrives au moment où j'étais en face de la poutre !
Tu arrives au moment où j'étais en passe de la foutre !

•••

Une belle thèse est épuisante.
Une telle baise est épuisante.

•••

Veux-tu venir voir le gîte que j'habite ?
Veux-tu venir voir la bite que j'agite ?

•••

Vos tresses sont trop larges,
elles m'empêchent de voir le football.
Vos fesses sont trop larges,
elles m'empêchent de voir le trou de balle.

La ronde des métiers

Agent immobilier

• Dans la rue deux agents immobiliers contemplent une maison…
– Regarde cette maison… Elle va faire un carton ! dit l'un d'eux.
Dans la même rue, au même moment, un SDF dit à un autre SDF :
– Regarde ce carton… Il va faire une maison !

Apprenti électricien

• Deux Corses décident de changer une ampoule électrique grillée…
– Bon ! Depuis trois mois qu'elle est grillée, faudrait peut-être qu'on la change !
– Oui, mais le plafond est trop haut…
– Faut prendre une échelle.
– Oui, mais l'échelle est trop loin…
– Ben… T'as qu'à monter sur mes épaules !
L'autre Corse grimpe donc sur les épaules de son copain, empoigne l'ampoule, puis attend…
– Alors ! Qu'est-ce que tu fais ? T'es lourd, tu sais !
– Bah… J'attends que tu tournes !

Artiste de cirque

• Dans un cirque, à la fin d'une représentation, un spectateur contourne le chapiteau pour rejoindre les caravanes des artistes et demander un autographe au nain.
L'homme cherche partout mais ne trouve pas le nain… Il demande finalement au trapéziste, qui lui indique la caravane du nain. Le spectateur frappe à la porte et un type d'au moins deux mètres lui ouvre…
– Heu… Excusez-moi, dit le spectateur, je cherchais le nain pour lui demander un autographe. J'ai dû me tromper de

caravane…
– Non ! fait le géant. C'est bien moi.
– Vous ? Le nain ? Mais…
– Eh bien quoi !? Je peux bien me détendre un peu, non ?

Avocat

• **La NASA a sélectionné trois personnes, un scientifique, un chirurgien et un avocat, toutes susceptibles de faire un voyage pour la planète Mars.** Mais le voyage sera très long et il est même possible qu'il soit sans retour… Le responsable de l'opération doit décider qui sera envoyé sur Mars. Il reçoit ensemble les trois candidats au voyage et il commence par demander au scientifique :
– Quelles seraient vos exigences pour être envoyé sur Mars ?
– Je souhaite que 10 millions de dollars soient reversés à la recherche scientifique.
Même question au chirurgien :
– Quelles seraient vos exigences pour être envoyé sur Mars ?
– Je veux que 5 millions de dollars soient reversés à la recherche contre le cancer.
Et enfin à l'avocat :
– Quelles seraient vos exigences pour être envoyé sur Mars ?
– 15 millions de dollars.
– 15 millions de dollars ! Pourquoi demander plus que les autres ?
L'avocat se lève et va chuchoter à l'oreille du responsable :
– Si vous acceptez de me donner 15 millions, je vous en reverse 5, j'en garde 5 et on envoie le chirurgien sur Mars !

Barman

• **Le client d'un hôtel se rend au bar de l'établissement pour tuer un peu le temps.** Il s'installe au bar et engage la conversation avec le barman :
– Aux informations, j'ai entendu Hollande dire que…
– Stop ! dit le barman. Ici, nous ne parlons pas politique, c'est un sujet de dispute.
– Bien…
Un moment plus tard, le client dit au barman :
– Vous avez vu le nouveau pape ? Il paraît que…
– Stop ! dit le barman. Ici, on ne parle pas de religion, c'est un sujet de fâcheries.
– Bien…
Quelques instants plus tard, le client tente à nouveau d'engager la conversation :
– Au fait ! Vous avez suivi le mercato du PSG ?
– Stop !!! hurle le barman. Ici, on ne parle pas de sport, c'est un sujet qui déclenche les bagarres.
– Bien… Et de quoi peut-on parler dans cet établissement ? On peut parler de sexe ? demande le client.
– Oui, ça, on peut… répond le barman.
– D'accord… Alors va te faire enculer !!!

Commercial

• **Le diable descend sur terre et dit à un commercial :**
– Je te propose de signer un contrat avec moi… Je fais de toi le plus grand commercial du monde. Tu seras aussi célèbre que Bill Gates et tu gagneras encore plus d'argent que lui ! En échange, je prends ta femme et tes enfants, qui passeront l'éternité en enfer.
Et le commercial lui répond :
– Ça a l'air bien mais… où est le piège ?

Chauffeur routier

• **Deux chauffeurs routiers qui ont mangé trop de chocolat sont super constipés depuis trois jours.** Un soir, ils font une halte dans un café et se rendent ensemble aux toilettes pour une autre tentative... Soudain, l'un d'eux entend un grand « PLOUF ! » dans les toilettes voisines occupées par son copain...
– Putain, tu as de la chance ! Tu dois être soulagé !
Et l'autre lui répond :
– Non, c'est ma montre...

• **Un routier s'arrête sur une aire de repos pour dormir un peu.** Un automobiliste frappe à sa vitre et lui demande :
– Pardonnez-moi, vous connaissez la route qui va à Nice ?
Le chauffeur répond et se rendort. Quelques instants plus tard, un autre automobiliste frappe à sa vitre.
– Pardon, vous connaissez la route qui va à Nice ?
Le chauffeur explique de nouveau le trajet. À peine est-il rendormi qu'un troisième automobiliste frappe à sa vitre. Comme le routier est sympa, il explique encore le trajet, puis, sur une feuille de papier, il inscrit : « Je ne connais pas la route qui va à Nice ! » Il colle la feuille sur sa vitre et se rendort paisiblement. Mais quelques minutes après, un automobiliste frappe encore à sa vitre ! Le routier se réveille et le type dehors lui crie :
– C'est très simple ! Vous n'avez qu'à suivre la N85 et...

Chef de gare

• **Au moment où le train doit partir, le chef de gare claque la dernière porte du train restée ouverte.** Mais il a beau la claquer, celle-ci ne parvient pas à se fermer. Il la claque de toutes ses forces et rien n'y fait, elle se rouvre systématiquement ! Le chef de gare s'énerve et peste. Il claque la porte, appuie dessus,

donne de violents coups de pied dedans et finit par se résigner et demander :
– Est-ce que quelqu'un pourrait enfin enlever les mains du petit garçon qui gênent la fermeture de la porte !!!

Chef d'orchestre

• **Un chef d'orchestre interrompt les répétitions d'un grand concert :**
– S'il vous plaît, moins fort la grosse caisse !
Le premier violon lui répond :
– La grosse caisse n'est pas là, chef !
– Très bien ! Vous lui direz quand il sera là…

Coiffeur

• **Un type se rend chez son coiffeur.** Le coiffeur entame la discussion par le traditionnel :
– Vous allez partir en vacances ?
– Oui.
– Vous allez où ?
– À Rome.
– J'y suis allé une fois. Vous prenez l'avion ?
– Non, le train.
– Oh là là ! Le voyage va être un enfer. Ce doit être interminable. En plus vous allez devoir voyager de nuit. Il va y avoir plein d'Italiens dans le train. Les Italiens, ça parle fort, vous n'allez pas fermer l'œil de la nuit. Vous dormez où, à Rome ?
– Au camping, à l'entrée de la ville.
– Oh là là ! C'est pas au camping que vous allez pouvoir récupérer de votre nuit blanche ! Surtout à cette période de l'année ! Il va être plein, les sanitaires ne seront pas propres… Qu'est-ce que vous allez voir à Rome ?

– Je vais au Vatican voir la messe donnée par le pape.
– Oh là là ! La place Saint-Pierre est toujours noire de monde ! Le pape, vous ne le verrez même pas !
Le type part malgré tout en voyage et revient deux semaines après chez son coiffeur.
– Vous revenez déjà vous faire couper les cheveux ?
– Oui, à cause de mon voyage à Rome…
– Ah… Racontez-moi.
– Le voyage en train, le camping, franchement, tout était super !
– Ah ? Et le pape, vous l'avez aperçu ?
– Oui. J'ai même eu un entretien privilégié avec lui.
– Qu'est-ce qu'il vous a dit ?
– Il m'a dit : « Quel est l'imbécile qui vous a coiffé comme ça ? »

Directeur du marketing

• **Un homme fait un parcours de golf.** Un peu distrait, il demande à la personne qui le suit :
– Pardonnez-moi, j'en suis à quel trou ?
– Vous passez au numéro 7. Moi je suis au 6.
Dix minutes plus tard :
– Je vous prie de bien vouloir m'excuser, mais j'en suis à quel trou ?
– Vous passez au 15. Moi je vais faire le 14.
Et ainsi de suite jusqu'à la fin du parcours…
– Désolé mais… j'en suis à quel trou ?
– Vous passez au 18e et dernier trou, je vais faire le 17.
– Je suis navré de vous avoir importuné durant tout le parcours. Le travail me préoccupe tellement que je n'arrive pas à me concentrer sur autre chose.
– Quel est votre métier ?
– Je suis chef de produit pour une marque de tampons hygiéniques. Et vous ?
– Directeur marketing d'une société qui fabrique du papier toilette, toujours un trou derrière vous…

Employé de bureau

• Un employé de bureau s'énerve sans s'apercevoir que son chef est derrière lui…

– Les chefs, c'est comme les poils, j'en ai plein le cul !
Et le chef lui répond :
– Vos primes, c'est comme vos couilles, elles sont suspendues !

Employé de La Poste

• Un type se présente au guichet d'un bureau de poste…

– Bonjour madame, je viens retirer des chéquiers à mon nom, s'il vous plaît.
– Oui, comment vous appelez-vous ?
– Mon nom est Henry sans « T ».
– Pardon, vous pouvez répéter ?
– Henry sans « T ».
– Henry Santé… Non, je ne vois pas de chéquiers en attente à votre nom. Vous pouvez m'épeler votre nom ? S… A… N… T…
– Non ! Mon nom c'est Henry et ça s'écrit H.E.N.R.Y. sans « T ».
– Mais, il n'y a pas de « T » à Henry ?
– Je sais, ça fait deux fois que je vous le dis !

Épicier new-yorkais

• À New York, un gamin d'une dizaine d'années entre dans une boutique…

– Je voudrais ce fusil et un paquet de cigarettes !
Le vendeur dévisage le gamin et lui dit :
– Dis-moi, tes parents savent que tu fumes ?

Facteur

• **Un jeune garçon se présente dans une maison close avec une grenouille morte à la main…**
– Que fais-tu là ? lui demande la tenancière.
– Je veux une fille qui a une MST !
– Pardon ? Quel âge as-tu ?
– J'ai 12 ans, madame ! Et je veux une fille avec la syphilis ou l'herpès…
– Mais !? Pour quoi faire ? À ton âge…
– Ça ne vous regarde pas ! Je veux une fille avec un truc bien dégueulasse. Tenez ! Voilà 300 euros !
La tenancière finit par laisser entrer le jeune garçon et par lui présenter une fille ayant de l'herpès. Il la suit jusque dans une chambre et fait sa petite affaire. Lorsqu'il redescend, la tenancière lui demande :
– Tu peux m'expliquer pourquoi tu voulais une fille avec une MST ?
Le jeune garçon avec sa grenouille morte dans la main lui répond :
– Comme ça, quand je vais rentrer chez moi, je vais baiser la nounou ! Ensuite, papa il baisera la nounou aussi et puis après il fera l'amour avec maman ! Et quand papa sera parti… elle baisera avec le facteur ! Alors là, j'aurai enfin ma vengeance sur cet enculé qu'a écrasé ma grenouille !

Faiseur de miracles

• **Un Algérien qui vient de perdre sa mère se promène sur une plage pour évacuer son chagrin…** Son pied heurte un objet brillant à moitié enfoui dans le sable. Il se baisse, le dégage du sable et découvre une lampe à huile. Il la frotte un peu, et aussitôt, un génie en sort !
– Merci de m'avoir libéré ! lui dit ce dernier.
– Je… De rien…

– Pour te remercier, je t'accorde le droit de faire un vœu !
– Eh bien… Ma mère vient de décéder, je voudrais que tu la fasses revivre !
– Ah mais là… Non, ce n'est pas possible, je ne peux pas ressusciter les morts !
– Ah… fait tristement le gars. Dans ce cas, la seule chose qui pourrait me redonner un peu le moral, c'est que l'Algérie devienne championne du monde de football !
– OK, je vais voir ce que je peux faire pour ta mère…

Fleuriste

• **Un vendredi soir, on sonne à la porte…** Une femme ouvre et un fleuriste lui tend un magnifique bouquet de roses à son intention. Dans le bouquet, il y a une carte… Elle ouvre et trouve deux billets pour assister à un opéra le lendemain soir ! Un mot accompagne les billets : « Profite bien du spectacle avec ton mari. Tu sauras plus tard qui vous offre le spectacle ! » La femme et son mari passent la soirée et la journée du lendemain à se demander qui a bien pu leur faire un tel cadeau ! Le soir venu, le couple se rend donc à l'Opéra. Lorsque la représentation est terminée, ils rentrent chez eux et ont la très désagréable surprise de constater que leur maison a été cambriolée… Tout est sens dessus dessous ! Sur la table de la salle à manger, il y a une enveloppe. La femme l'ouvre et lit le petit mot qu'il y avait dedans : « Maintenant, tu sais… »

Gardien de vaches

• **Deux cow-boys qui conduisent du bétail aperçoivent un Indien couché au sol, à plat ventre.** L'un dit à son copain :
– Tu vois l'Indien qui s'est allongé ?
– Ouais.
– Eh bien… C'est comme ça qu'il écoute les vibrations du sol

pour savoir qui arrive : l'oreille collée au sol !
– Ouais.
Les deux cow-boys arrivent maintenant au niveau de l'Indien…
– Salut l'Indien ! Alors comme ça tu écoutes les vibrations du sol ? Qu'entends-tu ?
L'Indien répond, toujours collé au sol :
– Chariot à 5 miles tiré par quatre chevaux. Trois bruns et un noir. À l'intérieur, deux hommes et une femme. Dessus et attachées derrière, de très nombreuses valises.
– La vache ! Comment peux-tu savoir tout ça, l'Indien !
– Chariot passé sur moi il y a trente minutes…

Gendarme

• **Un motard très pressé se fait arrêter pour excès de vitesse par un gendarme.** Le motard lui explique :
– Je suis désolé, j'ai l'habitude de respecter les limitations de vitesse, mais je me rends à un mariage dont je suis le témoin et je suis très en retard et…
– Et alors ? fait le gendarme. Bon ! Je vais vous laisser une chance : si vous répondez correctement à ma devinette, je vous laisse partir !
Bien qu'étonné, le motard accepte. Le gendarme lui demande alors :
– Qu'est-ce qui a quatre roues et qui roule ?
– Heu… Une voiture ?
– Non ! Fallait préciser la marque ! Une Peugeot, une Toyota…
– Oui, bon, d'accord ! Posez une autre devinette que je puisse partir ! supplie le motard qui voit l'heure tourner.
Le gendarme réfléchit un instant et demande :
– Qu'est-ce qui a deux roues, un guidon, un moteur et qui roule ?
– Une moto ?
– Vous n'avez rien compris ! se fâche le gendarme. Il faut préciser

votre réponse ! Une Yamaha, une Harley…
– Oui, oui… Bon ! Et si c'était moi qui posais une devinette ? propose le motard.
– Pourquoi pas…
– Si vous répondez mal, vous me laissez partir. D'accord ?
– Très bien. Allez-y, je vous écoute !
Le motard demande alors au gendarme :
– Qu'est-ce qu'une femme qui porte des vêtements sexy et qui racole sur le trottoir ?
– Ben… Une pute ! dit le gendarme.
– Ah non ! Fallait préciser, rétorque le motard. Ta mère, ta sœur…

Gogo danseuse

• **Deux gogo danseuses d'une discothèque parlent de leur travail :**
– Qu'est-ce que tu fais pendant tes pauses, toi ?
– Rien de spécial… Je grille une clope dans mon vestiaire, et toi ?
– Moi, je m'assois dans le sel.
– Tu t'assois dans le sel ?
– Oui, le patron m'a dit que le sel ça désinfecte et que ça fait boire les clients…

Ingénieur

• **En Corse, un ingénieur travaille au tracé d'une nouvelle route.** Sur le terrain, il rencontre un paysan…
– Bonjour monsieur ! Je suis ingénieur, je réfléchis au tracé d'une route que nous devons construire. J'aimerais beaucoup que vous me disiez comment, vous les Corses, vous faites pour définir le tracé d'une route. C'est important pour moi de m'enrichir de votre expérience, vous connaissez certainement des choses que

j'ignore, des contraintes que je n'imagine même pas…
– Ouais! Pour faire les routes, on lâche un âne et on regarde le chemin qu'il emprunte!
– Ah bon? Et si vous n'avez pas d'âne?
– On demande à un ingénieur…

Mac

• **Trois copains, qui ne s'étaient pas vus depuis leurs études de commerce, se retrouvent.** Chacun expose comment il a professionnellement évolué:
– Moi, dit le premier, je suis responsable d'une quincaillerie. Le boulot n'a rien de très passionnant, mais ça fonctionne plutôt pas mal. Bien entendu, ce n'est pas encore Castorama, mais c'est une belle quincaillerie.
– Moi, fait le deuxième, j'ai ouvert une épicerie. On vend un peu de tout… Ce n'est pas encore les Centres Leclerc, mais c'est tout de même une belle épicerie.
– Et moi, poursuit le troisième, comment vous expliquer… Disons que je fais travailler des filles, que ce n'est pas encore la SNCF mais que c'est quand même un beau bordel!

Maçon

• **Affolé, un homme téléphone au docteur:**
– Docteur! Ma femme vient d'avoir un regrettable accident..
– Que se passe-t-il? demande le docteur.
– Elle faisait sa gymnastique toute nue, comme d'habitude, et en faisant un grand écart, elle est restée collée au sol…
– Comment ça « collée au sol »?
– Ben oui… Elle est nue et ça a fait ventouse sur le marbre qui revêt le sol!
– Appelez un ouvrier du bâtiment, peut-être pourra-t-il faire quelque chose!

Le mari téléphone donc à un ouvrier. Lorsque ce dernier arrive, il examine la situation et annonce au mari :
– Je ne vois qu'une solution : je découpe le marbre tout autour de votre femme. Ensuite, je le retourne et perce un petit trou sous son sexe. L'air va ainsi pouvoir entrer et elle sera décollée !
Le mari réfléchit un instant et dit :
– Ça m'embête pour le marbre… Il nous a coûté une fortune !
L'ouvrier se penche alors sur la femme et commence à lui caresser la poitrine…
– Mais ? Mais ! Qu'est-ce qui vous prend ! Qu'est-ce que vous faites ! crie le mari.
– Eh bien, je la fais mouiller ! Comme ça, on pourra la faire glisser jusqu'au carrelage bon marché de la cuisine !

Ministre

• **Le ministre de la Santé a ordonné que les rats de laboratoire ne soient plus utilisés pour mener des expériences.** Pour remplacer les rats, le ministère propose d'utiliser des avocats. En effet, une étude a démontré que les avocats étaient beaucoup plus nombreux que les rats. L'étude souligne aussi le fait que l'on s'attache plus facilement à un rat qu'à un avocat. Par ailleurs, de nouvelles expériences scientifiques pourront désormais être menées, car il y a des choses que même les rats auraient refusé de faire !

Négociateur

• **Un détenu fait venir son avocat…**
– Maître, je souhaitais vous voir, car j'aimerais que l'on demande une remise de peine.
– Et pour quel motif ? Pour bonne conduite ?
– Non. J'ai pris quatre ans de prison pour avoir volé une cargaison d'ordinateurs dans un camion. À l'époque, chaque

ordinateur volé valait 800 euros. Or j'ai regardé sur Internet, et aujourd'hui, le même ordinateur ne vaut plus que 300 euros ! Je demande donc une remise de peine de 70 %.

Pêcheur

• **Un pêcheur marseillais, très fier du thon qu'il a pêché à la ligne, téléphone à un copain pour qu'il vienne voir la belle bête…**
– Un thon ! Au moins 30 kilos ! Faut que tu viennes voir ça, sinon personne ne va me croire !
Le copain arrive quelques minutes plus tard mais, à la vue du poisson, il se fâche :
– Tu te fous de moi ? Tu me fais venir pour une sardine de quelques grammes !
– Quelle sardine ? C'est un thon ! affirme le pêcheur. Maintenant, après avoir lutté avec lui pendant près de quatre heures, ça ne m'étonne pas qu'il ait perdu une trentaine de kilos…

Policier

• **Qu'est-ce que fait un policier quand il tombe dans l'eau ?**
Flic !
• **Quel point commun y a-t-il entre un policier et un escargot ?**
C'est à la bavure qu'on voit par où ils sont passés…

Pompier

• **Un immeuble est en feu et les pompiers combattent ardemment l'incendie.** Plusieurs d'entre eux ont défié les flammes pour aller secourir des personnes restées prisonnières dans leur appartement. Malgré leurs efforts, l'immeuble menace

de s'effondrer. Il n'y a plus rien à faire et les pompiers doivent abandonner le combat. Le chef des pompiers compte alors ses hommes et s'aperçoit qu'il en manque deux ! Sans hésiter, le chef court à l'intérieur de l'immeuble pour sauver ses hommes. Il entre dans une pièce, et stupeur ! il découvre ses deux hommes en train de s'enculer !
– Qu'est-ce que vous faites !!! hurle le chef des pompiers. Foutez-le camp d'ici, l'immeuble va s'effondrer d'une minute à l'autre !
L'un des deux pompiers lui répond :
– Désolé, chef ! fallait que j'intervienne, il s'était évanoui…
– Quand quelqu'un s'évanouit, on lui fait le bouche-à-bouche, on ne l'encule pas !
– Je sais, chef ! Comment croyez-vous que tout a commencé ?

Professeur de karaté

• **Dans un bar, un type demande à son voisin de comptoir :**
– Vous faites quoi comme métier ?
– Je suis prof de karaté.
– Ah bon ? Ça nous fait un point commun, car moi aussi je connais beaucoup de prises !
– Vous êtes prof de karaté ?
– Non.
– De judo ?
– Non. Je suis électricien.

• **Un type entre dans un bar la tête bandée et le visage tuméfié.**
– Ben alors ! fait le barman, je croyais que tu étais prof de karaté ?
– Oui, mais ça ne marche pas contre les voitures…

Professeur des écoles

• **Une maîtresse entraîne un de ses élèves au calcul mental :**
– Combien font 4 et 7 ?
– 14, maîtresse !
– Non. Combien font 10 plus 4 ?
– Heu… 18 !
– Non, ce n'est toujours pas ça. Concentre-toi ! Combien font 6 et 3 ?
– 11 !
– Mais enfin !? Comment comptes-tu ?
– Comme mon père, maîtresse ! C'est lui qui m'a appris à compter !
– Ah bon ? Et qu'est-ce qu'il fait, ton père ?
– Il est garçon de café, maîtresse !

Scribe

• **Un pharaon rédige ses Mémoires.** Son scribe s'affaire à graver sur des tablettes de pierre ce que le pharaon lui dicte :
– Je suis… le sixième… pharaon… d'Égypte. Ma virilité… a donné… naissance… à mon fils… Et lorsque…
Le scribe qui grave le plus rapidement possible ses hiéroglyphes a des difficultés à suivre… Il interrompt le pharaon :
– Pharaon ! Pardonnez-moi de vous interrompre, mais « virilité », ça s'écrit avec une ou deux couilles ?

Monsieur et madame ont une fille

• **M.** et Mme **Alise** ont une fille.
Comment l'appellent-ils ?
Jeanne
(J'analyse)

• **M.** et Mme **Avapeur** ont une fille.
Comment l'appellent-ils ?
Micheline
(Micheline à vapeur)

• **M.** et Mme **Aze** ont une fille.
Comment l'appellent-ils ?
Hélène
(Elle est naze)

• **M.** et Mme **Bulair** ont une fille.
Comment l'appellent-ils ?
Patty
(Patibulaire)

• **M.** et Mme **Cheduchien de Haure** ont une fille.
Comment l'appellent-ils ?
Mélanie
(Mets la niche du chien dehors)

• **M.** et Mme **Clessoulaporte** ont une fille.
Comment l'appellent-ils ?
Jémila
(J'ai mis la clef sous la porte)

• **M.** et Mme **Daivan** ont une fille.
Comment l'appellent-ils ?
Rose
(Rose des vents)

• **M.** et Mme **De Laminpour-Dirovoir** ont une fille.
Comment l'appellent-ils ?
Alphonsine
(Elles font signe de la main pour dire au revoir)

• **M.** et Mme **Deuboisson** ont une fille.
Comment l'appellent-ils ?
Debbie
(Débit de boisson)

• **M.** et Mme **Diotecela** ont une fille.
Comment l'appellent-ils ?
Kelly
(Quelle idiote celle-là !)

• **M.** et Mme **Donchié** ont une fille.
Comment l'appellent-ils ?
Éva
(Eh va donc chier !)

• **M.** et Mme **Eurktumèmeu** ont une fille.
Comment l'appellent-ils ?
Odile
(Oh, dis-leur que tu m'aimes !)

• **M.** et Mme **Fairpeur** ont une fille.
Comment l'appellent-ils ?
Léa
(Laid à faire peur)

• **M.** et Mme **Fémal** ont une fille.
Comment l'appellent-ils ?
Aïcha
(Aïe ! Ça fait mal !)

• **M.** et Mme **Fonfec** ont une fille.
Comment l'appellent-ils ?
Sophie
(Saucisson sec)

• **M.** et Mme **Golunpeu** ont une fille.
Comment l'appellent-ils ?
Marie
(Mais rigole un peu !)

• **M.** et Mme **Héduboi** ont une fille.
Comment l'appellent-ils ?
Laure
(L'orée du bois)

• **M.** et Mme **Hépandulaleur** ont une fille.
Comment l'appellent-ils ?
Armelle
(Elle remet les pendules à l'heure)

• **M.** et Mme **Hurobinai** ont une fille.
Comment l'appellent-ils ?
Aude
(Eau du robinet)

• **M.** et Mme **Husnoir** ont une fille.
Comment l'appellent-ils ?
Anne
(Anus noir)

• **M.** et Mme **Inteste-Hinal** ont une fille.
Comment l'appellent-ils ?
Flore
(Flore intestinale)

• **M.** et Mme **Istantaladoul-Heure** ont une fille.
Comment l'appellent-ils ?
Thérèse
(T'es résistante à la douleur ?)

• **M.** et Mme **Kétasseur** ont une fille.
Comment l'appellent-ils ?
Stéphanie
(Stéf a niqué ta sœur)

• **M.** et Mme **Kultamairekon** ont une fille.
Comment l'appellent-ils ?
Jeanne
(J'encule ta mère, con !)

• **M.** et Mme **Laitoilpolair** ont une fille.
Comment l'appellent-ils ?
Éléonore
(Elle est au nord l'étoile polaire)

• **M.** et Mme **Méatraversélaru** ont une fille.
Comment l'appellent-ils ?
Edmée
(Aide mémé à traverser la rue)

• **M.** et Mme **Moihunpeutrankil** ont une fille.
Comment l'appellent-ils ?
Alice
(Ah, laisse-moi un peu tranquille !)

• **M.** et Mme **Oduvil-Hage** ont une fille.
Comment l'appellent-ils ?
Lydie
(L'idiot du village)

• **M.** et Mme **Onsonélapelle** ont une fille.
Comment l'appellent-ils ?
Claire
(Clairon, sonnez l'appel !)

• **M.** et Mme **O'Tchoc-Hola** ont une fille.
Comment l'appellent-ils ?
Madeleine
(Madeleine au chocolat)

• **M.** et Mme **Ouvoulavé-Trouvaihou** ont une fille.
Comment l'appellent-ils ?
Océane
(Oh, c'est à nous ! Vous l'avez trouvé où ?)

• **M.** et Mme **Ptigoute** ont une fille.
Comment l'appellent-ils ?
Justine
(Juste une petite goutte)

• **M.** et Mme **Ptoultan** ont une fille.
Comment l'appellent-ils ?
Elsa
(Elle zappe tout le temps)

• **M.** et Mme **Rettepa-Ksébon** ont une fille.
Comment l'appellent-ils ?
Anna
(Ah, n'arrête pas, que c'est bon !)

• **M.** et Mme **Rouana** ont une fille.
Comment l'appellent-ils ?
Marie
(Marijuana)

• **M.** et Mme **Telpu** ont une fille.
Comment l'appellent-ils ?
Macha
(Ma chatte, elle pue)

• **M.** et Mme **Trisai** ont une fille.
Comment l'appellent-ils ?
Jessica
(J'ai cicatrisé)

• **M.** et Mme **Gnorer** ont deux filles.
Comment les appellent-ils ?
Ella, Cathy
(Elle a qu'à t'ignorer)

• **M.** et Mme **Ceu** ont deux filles et un fils.
Comment les appellent-ils ?
Éva, Nick et Sarah
(Elle va niquer sa race)

• **M.** et Mme **Danlku** ont deux filles et un fils.
Comment les appellent-ils ?
Irma, Rémy, Sabine
(Il m'a remis sa pine dans le cul)

• **M.** et Mme **Plantevairte** ont trois filles.
Comment les appellent-ils ?
Elsa, Rose, Laure
(Elles arrosent leurs plantes vertes)

• **M.** et Mme **Amènungropul** ont une fille et trois fils.
Comment les appellent-ils ?
Ruddy, Véra, Roméo, Tibère
(Rude hiver à Rome et au Tibet, ramène un gros pull)

• **M.** et Mme **Danlabouch** ont une fille et trois fils.
Comment les appellent-ils ?
Sam, Eugène, Tom, Ambre
(Ça me gêne ton membre dans la bouche)

• **M.** et Mme **Grattelaicouille** ont une fille et trois fils.
Comment les appellent-ils ?
Jean, Phil, Thérèse et Sam
(J'enfile Thérèse et ça me gratte les couilles)

• **M.** et Mme **Anldo** ont une fille et un fils.
Comment les appellent-ils ?
Ella, Fred
(Elle a frais dans le dos)

Les blagues à Toto

• **Des cris émanent de la chambre de Toto…** « Oh baby! baby! Oh baby! baby! baby! » Sa mère toque à sa porte et lui demande:
– Toto! Que fais-tu?
– Je regarde un film porno, maman!
– Ah, OK! J'ai eu peur, je croyais que tu écoutais Justin Bieber!

• **Toto vient de recevoir un SMS de son grand-père.** Il s'agit d'une histoire drôle totalement nulle et vieillotte…
– Papy m'a envoyé une blague! annonce Toto à sa maman. Elle est nulle! Je vais lui répondre « MDR »!
– C'est gentil de lui répondre « Mort De Rire » alors que tu ne l'as pas trouvée drôle, lui dit sa maman.
– Mais ça ne veut pas dire « Mort De Rire », ça veut dire « Maison De Retraite »!

• **Toto lève le doigt et demande à sa maîtresse:**
– Est-ce que vous pourriez répéter la leçon d'histoire d'hier?
– Non. Aujourd'hui nous faisons des mathématiques. Pourquoi la leçon d'histoire?
– Parce que je n'arrive pas à m'endormir…

• **Toto à son copain Rémy:**
– Tu veux que je te raconte la blague de l'amnésique?
– Oui!
– Heu… Je ne m'en souviens plus!

• **Toto demande à son copain Rémy:**
– Tu as déjà vu le film « Constipé »?
– Heu… Non.
– C'est normal, il n'est pas encore sorti!

• **La maîtresse interroge Toto:**
– Toto, peux-tu me réciter le verbe rigoler au présent?
– Oui! Je suis MDR, tu es MDR, il est MDR, nous…

MAMAN !
MAMAN !
OUI CHÉRI ?
QU'EST-CE QUE TU AS FAIT ?
JE SUIS TOMBÉ À L'ÉCOLE.
MONTRE-MOI ÇA QUE JE TE SOIGNE.
LÀ !
OH MON PAUVRE PETIT... ET TU AS PLEURÉ ?
BAH NON, Y'AVAIT PERSONNE !
CHALVIN.

• **La maîtresse interroge sa classe :**
– Quelqu'un peut-il me dire ce qui fait souvent rire les gens ?
Toto lève la main et répond :
– L'ironie, madame !
– Effectivement… Mais sais-tu ce que veut dire le mot « ironie » ? Pourrais-tu me donner un exemple ?
– Oui ! Par exemple si je dis : « Vous êtes belle », toute la classe va rire !

• **La maîtresse interroge Toto :**
– Connais-tu la règle de trois ?
– Ben… Comment je pourrais ? Je suis tout seul !

• **Toto à son copain Rémy :**
– Tu connais la blague du nombril ?
– Non.
– … bril !

• **La maîtresse demande à Toto :**
– Qu'aimerais-tu faire quand tu seras grand ?
– Rien ! Moi, je veux être SDF !
– Mais enfin, Toto ! Sais-tu quelle est la vie d'un SDF ? Sais-tu au moins ce que signifie « SDF » ?
– Oui, madame ! Ça veut dire Sans Difficultés Financières !

• **Toto se rend à la piscine avec sa classe.** Alors que tout le monde traverse le bassin en nageant correctement la brasse, Toto se lance dans un crawl inefficace qui éclabousse tout le monde…
– Mais enfin, Toto ! Où as-tu donc appris à nager ? lui demande le maître-nageur.
– Ben… Dans l'eau !

• **Toto a perdu son chat.** Le papa lui propose de passer une annonce dans le journal pour le retrouver et Toto s'exclame :
– Mais, il ne sait pas lire !?

• **La maîtresse s'inquiète des résultats de Toto.**
– Que se passe-t-il ? Les devoirs que tu me rends sont catastrophiques !
– C'est mon père… Cette année, il est complètement largué !

• **Toto rentre de l'école et demande à son papa :**
– Dis, c'est vrai que les lunettes, ça grossit tout ?
– Oui…
– Tu veux mettre tes lunettes, papa ?
– Pour quoi faire ?
– Ben… Je dois te montrer mon carnet de notes !

• **Toto à son copain Rémy :**
– Tu connais la blague du carton ?
– Non…
– Ben pourtant, elle cartonne !

• **Depuis le début de l'année, la maîtresse initie la classe de Toto à l'anglais.**
– Qui sait comment dire « Viens ici ! » en anglais ?
Toto lève la main et répond :
– *Come here !*
– Très bien, Toto ! Et pour dire d'aller là-bas ?
– Ben… Je vais là-bas et après je dis : « *Come here !* »

• **Toto à son copain Rémy :**
– Tu veux que je te raconte une blague vaseuse ?
– Oui…
– Alors mets des bottes !

• **Toto est en vacances à la campagne, chez sa tante.** Il va voir cette dernière et lui demande :
– Tu peux me rappeler où naissent les petites filles ?
– Les petites filles naissent dans les roses.
– Et les garçons ?

– Les petits garçons naissent dans les choux.
Sur ces dires, Toto s'empresse de rejoindre sa cousine qui l'attendait dans la grange et lui lance:
– C'est bien ce que je disais, dans l'oignon, ça ne risque rien!

• Toto pose une question à son père…
– Papa… Quel âge il avait le petit Robert quand il a écrit le dictionnaire?

• Toto observe les nuages et dit à son papa en pointant le ciel du doigt:
– Papa! Regarde! J'ai vu un aroplane dans le ciel!
– Moui… Dis plutôt « avion »!
– Oui! J'avion vu un aroplane, papa!

• Toto à son copain Rémy:
– Mon papa, il a deux zizis! Un pour faire pipi, et un autre pour laver les dents à maman!

• Toto à son copain Rémy:
– Tu connais l'histoire du têtard?
– Non.
– Eh bien, c'est un têtard qui croyait qu'il était tôt, mais en fait non, il était tard.

• Toto rentre chez lui et annonce à son père:
– La maîtresse nous a demandé de faire une rédaction sur notre héros préféré.
– Et?
– Et j'ai fait une rédaction sur toi, papa.
– Oh, c'est gentil! Je ne savais pas que j'étais ton héros préféré!
– Bah… C'est juste parce que je ne savais pas écrire Arnold Schazerneger… Chazerneguerre… Schwatzénéguair…

• **La maîtresse essaye de faire comprendre les soustractions à Toto…**
– Toto, si tu as 8 bonbons dans un paquet et que ton petit frère t'en prend 3, combien te reste-t-il de bonbons ?
– Il m'en reste 8. Mon petit frère n'osera jamais me prendre des bonbons, de peur que je le tabasse !

• **La maîtresse à Toto :**
– As-tu appris ta leçon de géographie ?
– Oui…
– Peux-tu me citer un pays voisin des USA ?
– Euh… l'USB ?

• **Toto à son copain Rémy :**
– Tu serais capable de soulever un éléphant avec un seul bras ?
– Heu… Non. Et toi ?
– Moi non plus, personne n'a jamais vu un éléphant avec un seul bras !

• **La maîtresse demande à Toto :**
– Qu'as-tu fait pendant tes vacances ?
– Bof… Pas grand-chose. En tout cas, pas de quoi faire une rédaction !

• **La mère de Toto se fâche :**
– Qu'as-tu fait ! Le lait a débordé ! Je t'avais demandé de le surveiller et de regarder ta montre !
– C'est ce que j'ai fait maman ! Il a débordé à 7 h 15 !

• **La maîtresse demande à sa classe :**
– Qui peut expliquer ce qu'est un synonyme ?
Toto répond :
– Oui, moi madame ! C'est un mot qu'on utilise quand on ne sait pas comment l'autre s'écrit !

Paf le chien & Co.

– Tu connais l'histoire de Paf le chien ?
– Non.
– C'est l'histoire d'un chien qui veut traverser la route. Arrive un camion et… Paf le chien !

• • •

– Tu connais l'histoire de Bzzzzzz l'abeille ?
– Non.
– C'est l'histoire d'une abeille qui se pose sur une ligne à haute tension et… Bzzzzzz l'abeille !

• • •

– Tu connais l'histoire de Splaaaach la grenouille ?
– Non.
– C'est l'histoire d'une grenouille qui traverse la route. Une voiture passe et… Splaaaach la grenouille !

• • •

– Tu connais l'histoire de Schloooooouuuuumpfffff le hamster ?
– Non.
– C'est l'histoire d'une femme de ménage qui passe l'aspirateur et… Schloooooouuuuumpfffff le hamster !

• • •

– Tu connais l'histoire de Ziiiiiip le pingouin ?
– Non.
– C'est l'histoire d'un pingouin qui se promène sur la banquise. Il marche sur une peau de banane et… Ziiiiiip le pingouin !

• • •

– Tu connais l'histoire de Sluuuurp la limace ?
– Non.
– C'est l'histoire d'un type qui mange une salade dans un restaurant et… Sluuuurp la limace !

• • •

– Tu connais l'histoire de Slaaap-Slaaap-Slaaap le petit ?
– Non.
– C'est l'histoire d'un papa qui autorise son petit à passer la tondeuse et… Slaaap-Slaaap-Slaaap le petit !

• • •

– Tu connais l'histoire de Crzzzzzzzzzz le bébé ?
– Non.
– C'est l'histoire d'un bébé qui s'amuse avec un mixeur et… Crzzzzzzzzzz le bébé !

• • •

– Tu connais l'histoire de Scruuuuntch l'escargot ?
– Non.
– C'est l'histoire d'un escargot qui traverse la route et… Scruuuuntch l'escargot !

• • •

– Tu connais l'histoire de Paaaaf le moustique ?
– Non.
– C'est l'histoire d'un moustique qui se pose sur un bras et… Paaaaf le moustique !

• • •

– Tu connais l'histoire de Ziiiiiiiip le journaliste ?
– Non.
– C'est l'histoire d'un journaliste qui se fait enlever par l'État islamique et… Ziiiiiiiip le journaliste !

•••

– Tu connais l'histoire de Prrrrrrt-Prrrrrt-Flaaaatch le grand-père ?
– Non.
– C'est l'histoire d'un grand-père à qui on a oublié de mettre sa couche. Il se baisse pour s'asseoir et… Prrrrrrt-Prrrrrt-Flaaaatch le grand-père !

•••

– Tu connais l'histoire de Flip-Flap la girafe ?
– Non.
– C'est l'histoire d'un hélicoptère qui passe à côté d'une girafe et… Flip-Flap la girafe !

•••

– Tu connais l'histoire de Scrouiiiiintch la souris ?
– Non.
– C'est l'histoire d'une souris qui veut traverser une pièce. Une personne passe à ce moment en courant et… Scrouiiiiintch la souris !

•••

– Tu connais l'histoire de Raaaaaaaah-Splatch la belle-mère ?
– Non.
– C'est l'histoire d'un gendre qui n'aime pas sa belle-mère. Il lui demande de se pencher par la fenêtre pour voir en bas et… Raaaaaaaah-Splatch la belle-mère !

•••

– Tu connais l'histoire de Boum le train ?
– Non.
– C'est Chuck Norris qui traverse une voie de chemin de fer et… Boum le train !

Les répliques les plus drôles du cinéma

– Avec du caviar!?
– Quand une femme n'ovule plus, ce sont les seuls œufs qui lui restent!
Absolument fabuleux (2001) ***de Gabriel Aghion avec Josiane Balasko, Nathalie Baye***

– Vous vous appelez comment?
– Marguerite. Et vous?
– Je m'appelle monsieur le Directeur!
L'Aile ou la Cuisse (1976) ***de Claude Zidi avec Coluche, Louis de Funès***

– Il ne faut pas se fier au physique des gens!
– Avec vous, si! Vous avez la gueule de travers et la mentalité biscornue, vous êtes synchrone.
Archimède le clochard (1959) ***de Gilles Grangier avec Jean Gabin, Darry Cowl, Bernard Blier***

– Vos papiers vérifier, fouillez Monsieur!
– Vraiment chier vous me faites Herr Kommissar!
L'As des as (1982) ***de Gérard Oury avec Jean-Paul Belmondo et Marie-France Pisier***

– C'est quoi ces gros raisins?
– Ce sont des dattes, Obélix, ça pousse tout en haut des arbres, là-bas.
– C'est croquant au milieu.
– C'est le noyau.
Astérix et Obélix, Mission Cléopâtre (2002) ***d'Alain Chabat avec Gérard Depardieu, Christian Clavier, Djamel Debouze***

– Je m'appelle Felicity Bonnebez. Felicity, c'est mon nom… et bonne… c'est ma réputation!
Austin Powers 2 – L'espion qui m'a tirée (1999) ***de Jay Roach avec Mike Myers, Heather Graham***

– Bon, récapitulons. Si quelqu'un vous demande l'heure, du feu ou le chemin de la mer…
– On le flingue !
– Voilà !
Les Barbouzes (1964) ***de Georges Lautner avec Lino Ventura, Bernard Blier, Francis Blanche***

– B'jour, c'est eul poste ! On n'a pas de colis pour vous, mais on a soif !
Bienvenue chez les Ch'tis (2008) d***e Dany Boon avec Kad Merad, Dany Boon***

– Tes amis ont tort de traîner comme ça près de la rivière, ils s'exposent à attraper un rhume… ou une balle.
Le Bon, la Brute et le Truand (1966) ***de Sergio Leone avec Clint Eastwood, Eli Wallach, Lee Van Cleef***

– Alors, Mémé ? C'est nous. Ça s'est bien passé ?
– Ça va, ça va… Mais si, l'année prochaine, vous pouviez me laisser une couverture pour la nuit ?
– Fallait pas vous gêner, mémé, fallait prendre le tapis !
Le bonheur a encore frappé (1986) ***de Jean-Luc Trotignon avec Jean-Luc Bideau, Michèle Brousse et Jean-Noël Brouté***

– C'est le coutume de manger fromage d'abord. Ma femme elle fait ce fromage.
– C'est gentil.
– Elle a fait fromage avec bon lait de son sein.
Borat (2006) ***de Larry Charles avec Sacha Baron Cohen***

– Ça farte, coquine ?
– Ça farte !
– Tu sais, tu es comme la chaleur d'une canicule ?
– Ah bon, c'est-à-dire ?

– Insupportable !
Brice de Nice (2005) ***de James Huth avec Jean Dujardin, Bruno Salomone, Clovis Cornillac***

– J'ai eu des regards avec une nana, à mon avis, y'aura des ouvertures.
– Ah oui, tu penses à ma femme ?
– Non, pourquoi elle pense à moi, ta femme ?
Les Bronzés (1978) de ***Patrice Leconte avec Michel Blanc, Marie-Anne Chazel, Christian Clavier, Thierry Lhermitte, Gérard Jugnot, Josiane Balasko***

– Putain, c'est la merde… Y'a plus de Benco nulle part ! Chez Carrefour, plus de Benco… À la supérette, plus de Benco…
– Et chez Champion ?
– Plus de Benco nulle part…
– Avec tous les campings qu'il y a dans le coin aussi… Bon bah, te caille pas le lait, mon Patrick, j'boirai du Nesquick !
Camping (2006) ***de Fabien Onteniente avec Franck Dubosc, Gérard Lanvin, Mathilde Seigner, Claude Brasseur***

– On ne peut pas tout avoir !
– Pourquoi ? Il y en a bien qui n'ont rien ! Ça rétablirait la balance, le juste équilibre, l'harmonie universelle.
Carambolages (1963) ***de Marcel Buwal avec Jean-Claude Brialy, Louis de Funès, Michel Serrault***

– Il y a trois façons de faire les choses dans ce casino : la bonne façon, la mauvaise façon et ma façon.
Casino (1995) ***de Martin Scorsese avec Robert De Niro, Joe Pesci, Sharon Stone***

– Entre nous, Dabe, une supposition… Hein ! Je dis bien une supposition, que j'aie un graveur, du papier, et que j'imprime pour un million de biftons. En admettant, toujours une

supposition, qu'on soit cinq sur l'affaire, ça rapporterait net, combien à chacun ?
– Vingt ans de placard. Entre truands, les bénéfices ça se partage, la réclusion, ça s'additionne !
Le cave se rebiffe (1961) ***de Gilles Grangier avec Jean Gabin, Bernard Blier, Martine Carol, Maurice Biraud***

– Mais, ma parole ? C'est l'champion de la ligne, le cador du volant ! Pardon monsieur, excusez ma curiosité, vous seriez t'y pas ensablé, des fois ?
– Tu veux savoir ? Eh ben, t'es même pas drôle !
– Allez mon gars, en avant les pelles et les tôles ! Faut aider son prochain. Ben, qu'est-ce tu veux… C'est les misères de l'âge, hein ? Faut faire semblant de s'apercevoir de rien. Le pauv' plouc, il a la vue qui baisse, alors y roule de plus en plus à côté de la piste. On l'récupère un peu partout… Des fois au Mozambique, des fois sur la nationale 7, des fois comme c'est le cas dans l'Fech-Fech… Alors on le ramène en remorque pour pas qui perde sa place… Ben, un vieux, faut bien qu'ça mange !
Cent mille dollars au soleil (1964) ***d'Henri Verneuil avec Jean-Paul Belmondo, Lino Ventura, Bernard Blier***

– Qu'est-ce qu'il se passe, ma… ma veste est pleine de cambouis…
– Je vous présente toutes mes confuses !
– Vos confuses… Mais qu'est-ce que c'est cette matière, c'est de la merde !?
– Non, c'est Klug !
Le Père Noël est une ordure (1982) ***de Jean-Marie Poiré avec Anémone, Marie-Anne Chazel, Thierry Lhermitte, Gérard Jugnot, Josiane Balasko***

– Je nage dans le bonheur…
– En tout cas, tu nages pas dans ton tee-shirt !
Les Bronzés 3, Amis pour la vie (2006) ***de Patrice Leconte***

avec Michel Blanc, Marie-Anne Chazel, Christian Clavier, Thierry Lhermitte, Gérard Jugnot, Josiane Balasko

– Réponds-moi, plouc, dis-moi la vérité.
– Quoi ?
– Est-ce que je suis une putain ?
– Ben... Tu couches toujours avec tout le monde... Enfin, je veux dire avec les copains, quoi !
– Oui...
– Et y'en a pas un, des fois, qui t'aurait refilé de l'oseille ?
– Non.
– Eh ben alors ! T'es notre petite Angèle, c'est tout.
Cent mille dollars au soleil (1964) ***d'Henri Verneuil avec Jean-Paul Belmondo, Lino Ventura, Bernard Blier***

– La vie de madame pipi est réglée comme du papier...
– À cul ?
– ... à musique !
C'est pas parce qu'on a rien à dire qu'il faut fermer sa gueule (1975) ***de Jacques Besnard avec Bernard Blier, Michel Serrault, Jean Lefebvre***

– Il est trop petit ton séchoir !
– Il vaut mieux un petit séchoir qu'un grand chez les autres !
Chouchou (2003) ***de Merzak Allouache avec Gad Elmaleh, Roschdy Zem, Alain Chabat***

– Ils font un thé divin... Ceylan.
– C'est lent ?
– C'est leur spécialité.
– Ah oui ! Non, si c'est lent, j'vais prendre... à la grenadine !
Chouchou (2003) ***de Merzak Allouache avec Gad Elmaleh, Roschdy Zem, Alain Chabat***

– Tu as une brosse ?
– Merci, toi aussi !
– Tu as été formidable.
– Oui, dans le tiroir près du téléphone !
La Cité de la peur (1994) ***d'Alain Berbérian avec Alain Chabat, Chantal Lauby, Gérard Darmon, Dominique Farrugia***

– Mais enfin, j'étais à deux doigts de conclure, t'as tout foutu en l'air ! Je sais pas ce qui me retient de te casser la gueule, tiens !
– La trouille, non ?
– Ouais, ça doit être ça.
Les Bronzés font du ski (1979) ***de Patrice Leconte avec Michel Blanc, Marie-Anne Chazel, Christian Clavier, Thierry Lhermitte, Gérard Jugnot, Josiane Balasko***

– Vous aimez Kipling ?
– Moi, je mange de tout !
Cluedo (1985) ***de Jonathan Lynn avec Eileen Brennan, Tim Curry, Madeline Kahn***

– La tête dure et la fesse molle... Le contraire de ce que j'aime.
Comment réussir quand on est con et pleurnichard (1974) ***de Michel Audiard avec Jean Carmet, Stéphane Audran, Jean-Pierre Marielle***

– Vous allez toucher la récompense de 100 millions pour le Youkounkoun !
– Alors, je suis pas si councoun que j'en ai l'air !
Le Corniaud (1965) ***de Gérard Oury avec Bourvil, Louis de Funès***

– Moi, je lève mon verre à la plus formidable bande de salopards que j'ai jamais rencontrée. Je lève mon verre au tas d'ordures qui m'entoure, et y'a d'quoi remplir une sacrée poubelle !
Coup de tête (1979) ***de Jean-Jacques Annaud avec Patrick Dewaere***

– C'est pas une femme, c'est un poisson. De loin elle brille, de près elle pue !
Le Créateur (1999) ***d'Albert Dupontel avec Albert Dupontel, Philippe Uchan, Michel Vuillermoz***

– Que diriez-vous si je vous disais que vous êtes une brute fossilisée, symbole d'une ère décadente, heureusement disparue ?
– Je sais pas… Merci ?
Demolition Man (1993) ***de Marco Brambilla avec Sylvester Stallone, Sandra Bullock, Wesley Snipes***

– Il en trouve une, mais il est pas capable de faire la différence entre une reine d'Égypte avec un singe et deux faucons, et une pute de banlieue.
– Oh ben, une fille avec une robe du soir à 5 heures du matin…
Deux heures moins le quart avant J.-C. (1982) ***de Jean Yanne avec Coluche, Michel Serrault, Jean Yanne***

– Tu ouvres le dico à « chiante », y'a pas son nom, y'a sa photo !
Les Deux Papas et la maman (1996) ***de Jean-Marc Longval avec Arielle Dombasle, Antoine de Caunes, Julie Gayet, Smaïn***

– Monsieur Dusse ! Ce qui ne va pas c'est le planté de bâton, le planté de bâton ne va pas du tout !
– J'vais te le planter le bâton moi, j'vais te le planter moi le bâton !
Les Bronzés font du ski (1979) ***de Patrice Leconte avec Michel Blanc, Marie-Anne Chazel, Christian Clavier, Thierry Lhermitte, Gérard Jugnot, Josiane Balasko***

– Un con qui en moins d'une heure amène ta femme à l'adultère et toi au contrôle fiscal, c'est tout de même prodigieux!
Le Dîner de cons (1998) ***de Francis Veber avec Thierry Lhermitte, Jacques Villeret, Francis Huster, Daniel Prévost***

– À la Saint-Valentin, si elle te tient la main, vivement la Sainte-Marguerite!
Disco (2008) ***de Fabien Onteniente avec Franck Dubosc, Gérard Depardieu, Emmanuelle Béart***

– Est-ce qu'il y a des trompettes, dans votre roman?
– Ah non…
– Est-ce qu'il y a des tambours, dans votre roman?
– Ah non…
– Ah ben alors vous avez qu'à appeler ça « Sans tambours ni trompettes »!
Domicile conjugal (1970) ***de François Truffaut avec Jean-Pierre Léaud, Claude Jade***

– M. le comte se paie ma tête.
– Si ce n'était que ta tête!
– Justement, ça c'est en plus!
Elle boit pas, elle fume pas, elle drague pas, mais… elle cause! (1970) ***de Michel Audiard avec Annie Girardot, Bernard Blier, Mireille Darc***

– Autrefois, tu n'aurais remarqué personne. Tu m'aimais.
– Oui, mais depuis je t'ai épousé!
Elle et Moi (1952) ***de Guy Lefranc avec Dany Robin, François Périer***

– Est-ce qu'on t'a demandé si t'étais propre sous ta jupe, salope! Salope!!!
– Crayon, mets des guillemets quand tu parles aux dames!
Une époque formidable (1991) ***de Gérard Jugnot avec***

Gérard Jugnot, Richard Bohringer, Ticky Holgado, Victoria Abril

– J'ai toujours entendu dire du mal des belles-mères, y doit bien y en avoir des chouettes?
– Peut-être… Celles qui voyagent beaucoup, très loin. Certaines exploratrices…
Est-ce bien raisonnable (1981) ***de Georges Lautner avec Gérard Lanvin, Miou-Miou, Michel Galabru***

– L'honnêteté, ça se paye.
– L'éducation, ça s'apprend pas.
Le cave se rebiffe (1961) ***de Gilles Grangier avec Jean Gabin, Bernard Blier, Martine Carol, Maurice Biraud***

– Oh, le cheval!
– Mais c'est un merle?
– Au-dessus!
– Y'a pas de cheval sous le merle. Ben, je vois plus le merle?
– Vous voyez le cheval? Au-dessus!
– Ah oui, je vois le merle!
Fantômas se déchaîne (1965) ***d'André Hunebelle avec Louis de Funès, Jean Marais, Mylène Demongeot***

– Mais Charles, je te donnerais cet argent avec le plus grand plaisir; mais nous sommes samedi, et les banques sont fermées…
– Mais chaque fois que t'es rentré dans une banque, elle était fermée! La Chase Bank de Dallas! Et la BNP d'Levallois! Ça t'dit rien, non!?
Faut pas prendre les enfants du Bon Dieu pour des canards sauvages (1968) ***de Michel Audiard avec Francoise Rosay, Bernard Blier, Marlène Jobert***

– Dites, ça doit prendre longtemps pour raser ces jambes-là !
– Je suppose que c'est un compliment ?
Le Flic de Beverly Hills 2 (1987) ***de Tony Scott avec Eddie Murphy, Judge Reinhold***

– Je suis romancière, figure-toi. Edmonde Puge Rostand, t'as rien lu ?
– Avec moi, si t'écris pas dans les bulles, y'a aucune chance.
Flic ou voyou (1979) ***de Georges Lautner avec Jean-Paul Belmondo, Michel Galabru, Marie Laforêt, Jean-François Balmer***

– Les pauvres c'est fait pour être très pauvres et les riches, très riches !
La Folie des grandeurs (1971) ***de Gérard Oury avec Louis de Funès, Yves Montand, Alice Sapritch***

– Tango, ça s'écrit comment ?
– Bah, comment voulez-vous que ça s'écrive ? Comme Paso doble !?
Garde à vue (1981) ***de Claude Miller avec Lino Ventura, Michel Serrault, Romy Schneider, Guy Marchand***

– C'est une très bonne idée, Cruchot !
– Oui, mon adjudant.
– D'ailleurs, cela aurait pu être mon idée.
– Ben… Oui, mon adjudant.
– D'ailleurs, c'est mon idée, Cruchot !
Le Gendarme de Saint-Tropez (1964) ***de Jean Girault avec Louis de Funès, Michel Galabru, Geneviève Grad, Christian Marin, Jean Lefebvre***

– Est-il nécessaire que je vous rappelle, 007, que vous avez l'autorisation de tuer et non de prendre l'autoroute en sens inverse ?
Golden Eye – James Bond 007 (1995) ***de Martin Campbell avec Pierce Brosnan, Sean Bean, Izabella Scorupco***

– Je gagne quatre mille francs par mois… J'ai un livret d'Caisse d'Épargne, une carte bleue, cinquante pour cent d'réduction sur les Chemins d'Fer. Bref, ce qu'on appelle un parti… Pas d'attendrissement, pas de larme… du sourire… et tu dis oui.
Faut pas prendre les enfants du Bon Dieu pour des canards sauvages (1968) ***de Michel Audiard avec Francoise Rosay, Bernard Blier, Marlène Jobert***

– La putain est indissociable des choses de la mer. Je ne conteste pas qu'elle vérole un peu le matelot, mais elle enjolive la conversation !
La Grande Sauterelle (1967) ***de Georges Lautner avec Mireille Darc, Hardy Krüger, Maurice Biraud***

– Le portrait du policier type : une intelligence bien en dessous de la moyenne, mais avec des éclairs d'imbécillité.
Elle cause plus… elle flingue (1972) ***de Michel Audiard avec Annie Girardot, Bernard Blier, Jean Carmet***

– Évidemment, c'est pas des chaussures pour la marche que vous avez là.
– Puisque vous me le proposez si gentiment, j'accepte !
– Quoi ?
– Que vous me prêtiez vos souliers.
– Bah ! Vous chaussez du combien ?
– C'est du comme vous !
La Grande Vadrouille (1966) ***de Gérard Oury avec Bourvil, Louis de Funès, Claudio Brook***

– Vous savez quelle différence il y a entre un con et un voleur ?
– Non…
– Un voleur, de temps en temps, ça se repose…
Le Guignolo (1980) ***de Georges Lautner avec Jean-Paul Belmondo, Michel Galabru, Charles Gérard***

– Aaah ! Ces jambes, ce qu'elles sont longues !
– Oui, je les ai fait rallonger, elles vont jusqu'à terre à présent.
Hot Shots ! (1991) ***de Jim Abrahams avec Charlie Sheen, Lloyd Bridges, Valeria Golino, Cary Elwes***

– Non ! Vous racontez très bien ! Vous m'avez dépeint cette soirée au Dandy's avec brio !
– Avec qui ?
Le Père Noël est une ordure (1982) ***de Jean-Marie Poiré avec Anémone, Marie-Anne Chazel, Thierry Lhermitte, Gérard Jugnot, Josiane Balasko***

– Vos amis ont un important taux de mortalité. Hier trois, aujourd'hui deux…
Il était une fois dans l'Ouest (1968) ***de Sergio Leone avec Charles Bronson, Henry Fonda, Claudia Cardinale***

– Les pères de famille sont les derniers aventuriers des temps modernes.
Il faut sauver le soldat Ryan (1998) ***de Steven Spielberg avec Tom Hanks, Tom Sizemore, Edward Burns***

– Professeur Jones ?
– Oui ?
– Je savais que c'était vous. Vous avez les yeux de votre père.
– Et les oreilles de ma mère. Mais le reste vous appartient…
– Je crois que nous avons évoqué les meilleures parties de votre anatomie.
Indiana Jones et la dernière croisade (1989) ***de Steven***

Spielberg avec Harrison Ford, Sean Connery, Denholm Elliott

– Les avis, c'est comme les trous du cul, tout le monde en a un.
L'Inspecteur Harry (1971) *de Don Siegel avec Clint Eastwood, Andrew Robinson*

– J'ai bien connu votre père : un véritable héros, il en est mort, ce con !
Inspecteur la Bavure (1980) *de Claude Zidi avec Coluche, Gérard Depardieu, Dominique Lavanant*

– Alors ?
– C'est pas un thon…
– Ah oui ! Vous avez de la chance, ça doit être la seule fille de Dunkerque qui a encore toutes ses dents !
Intouchables (2011) *d'Olivier Nakache et Éric Toledano avec François Cluzet, Omar Sy*

– Yuri, qu'est-ce que tu connais aux armes ?
– Je sais de quel côté il vaut mieux se placer.
Lord of War (2005) *d'Andrew Niccol avec Nicolas Cage, Ethan Hawke, Jared Leto*

– C'est mon premier jour en femme, et j'ai déjà des bouffées de chaleur !
Madame Doubtfire (1993) *de Chris Columbus avec Robin Williams, Robert Prosky, Harvey Fierstein*

– Il a eu tort de se fâcher mais vous avez eu tort de tricher…
– Écoutez, monsieur Brun, si on peut pas tricher entre amis, c'est pas la peine de jouer aux cartes…
Marius (1931) *d'Alexander Korda et Marcel Pagnol avec Pierre Fresnay, Fernand Charpin, Raimu, Robert Vattier, Alexander Korda*

– Les relations, c'est pas des gilets pare-balles.
Flic ou voyou (1979) ***de Georges Lautner avec Jean-Paul Belmondo, Michel Galabru, Marie Laforêt, Jean-François Balmer***

– Votre femme est exquise, monsieur.
– C'est un avis très répandu. Peut-être finirai-je par m'y ranger.
Massacre en dentelles (1952) ***d'André Hunebelle avec Raymond Rouleau, Anne Vernon, Bernard La Jarrige***

– Il avait le cancer du fumeur. Et tu l'auras aussi.
– Tu m'as répété cent fois que je mourrais sur l'échafaud. Alors faudrait savoir ce que tu veux : le microbe ou le couperet !
Mélodie en sous-sol (1963) ***d'Henri Verneuil avec Jean Gabin, Alain Delon, Viviane Romance***

– Edwards, allez le mettre.
– Mettre quoi ?
– Le dernier costume de votre vie.
Men in Black (1997) ***de Barry Sonnenfeld avec Will Smith, Tommy Lee Jones***

– Vous êtes plus intelligent que vous en avez l'air !
– Cela vaut mieux que d'avoir l'air plus intelligent qu'on ne l'est !
Meurs un autre jour – James Bond 007 (2002) ***de Lee Tamahori avec Pierce Brosnan, Halle Berry, Toby Stephens***

– Objectivement est une locution foireuse dont je n ai que foutre.
Mort d'un pourri (1977) ***de Georges Lautner avec Alain Delon, Ornella Muti, Stéphane Audran, Mireille Darc***

– Mais qu'est-ce que vous faites dans ma chambre ? Et celui-là, alors ?
– Ben celui-là, il est mort...
Ne nous fâchons pas (1966) ***de Georges Lautner avec Lino Ventura, Mireille Darc, Jean Lefebvre***

– Une fille qui fait 95 de tour de poitrine et 32 de tour de tête ne peut pas vraiment être mauvaise. Elle peut seulement être légèrement sotte.
Faut pas prendre les enfants du Bon Dieu pour des canards sauvages (1968) ***de Michel Audiard avec Francoise Rosay, Bernard Blier, Marlène Jobert***

– On demande M. Dupré, monsieur le vicomte.
– Je vous ai déjà dit de pas m'appeler M. le vicomte, je suis descendu ici sous le nom de Dupré ! Du-pré !
– J'ai dit Dupré, monsieur le vicomte.
– Raisonneur.
Le Guignolo (1980) ***de Georges Lautner avec Jean-Paul Belmondo, Michel Galabru, Charles Gérard***

– Mais faut arrêter ça, on va se tuer !
– Laissez-moi faire, chef !
– Pourquoi, tu t'y connais ?
– Ben... un peu. Papa était chauffeur de locomotive. Il m'emmenait souvent avec lui.
– Bon alors, le frein !
– Bah oui... mais j'étais p'tit, hein !... Non, c'est pas ça. Ça c'était « touche pas à ça, p'tit con ».
On a retrouvé la 7e compagnie (1975) ***de Robert Lamoureux avec Jean Lefebvre, Pierre Mondy, Robert Lamoureux***

– Il faut interroger les vaches. On a volé le train, peut-être qu'elles l'ont vu passer ?
On a volé la cuisse à Jupiter (1980) ***de Philippe de Broca avec***

Annie Girardot, Philippe Noiret, Francis Perrin, Catherine Alric

– En tout cas, le revolver va au labo.
– Je crains que le labo ne nous apprenne pas grand-chose. C'est visiblement un accident. Un regrettable accident.
– La mort de Louis XVI aussi.
Le Pacha (1968) ***de Georges Lautner avec Jean Gabin, Dany Carrel, André Pousse***

– En quarante, j'ai opéré l'œil d'un Roumain avec une cuillère. Le gus était ravi ! On correspond toujours.
Papy fait de la résistance (1983) ***de Jean-Marie Poiré avec Gérard Jugnot, Jacqueline Maillant, Martin Lamotte, Michel Galabru, Roland Giraud***

– Pour la vieille, c'est cyanure, trois cuillères à soupe.
Le Pari (1997) ***de Didier Bourdon et Bernard Campan avec Didier Bourdon, Bernard Campan***

– Eh, m'sieur Pierre, y'a un monsieur très malpoli qui a téléphoné, il voulait enculer Thérèse !
– Oui, mais c'est un ami !
– Ah bah, ça va alors.
Le Père Noël est une ordure (1982) ***de Jean-Marie Poiré avec Anémone, Marie-Anne Chazel, Thierry Lhermitte, Gérard Jugnot, Josiane Balasko***

– Le crétin chimiquement pur, j'me demande où tu vas l'chercher ?
– Trente-six quai des Orfèvres. J'suis fidèle à mes fournisseurs.
Le Pacha (1968) ***de Georges Lautner avec Jean Gabin, Dany Carrel, André Pousse***

– À ton avis, qu'est-ce qui lui est passé par la tête quand il s'est suicidé?
– Une balle.
Le Peuple des ténèbres (2002) ***de Robert Harmon et Rick Bota avec Laura Regan, Marc Blucas***

– Qu'il s'agisse de rasoirs, de clés de voiture ou de femmes, j'ai toujours tout en double.
Comment réussir quand on est con et pleurnichard (1974) ***de Michel Audiard avec Jean Carmet, Stéphane Audran, Jean-Pierre Marielle***

– Vous avez l'air tout sombre.
– Y'a des jours comme ça, on rencontre que des abrutis. Alors on commence à se regarder dans une glace et à douter de soi…
Pierrot le fou (1965) ***de Jean-Luc Godard avec Jean-Paul Belmondo, Anna Karina, Graziella Galvani***

– Maintenant que vous me le dites, je crois discerner une effluve suspecte…
– On te demande pas de faire des phrases, juste dire que ça pue.
Pinot simple flic (1984) ***de Gérard Jugnot avec Gérard Jugnot, Patrick Fierry, Fanny Bastien***

– Plus t'as de pognon, moins t'as de principes. L'oseille, c'est la gangrène de l'âme.
Les Pissenlits par la racine (1963) ***de Georges Lautner avec Michel Serrault, Maurice Biraud, Louis de Funès, Mireille Darc***

– J'ai trouvé une bombe! Elle a des yeux qui crient « braguette »!
Podium (2004) ***de Yann Moix avec Benoît Poelvoorde, Jean-Paul Rouve, Julie Depardieu***

– Bonjour, Sophie. Ça va?
– Ça va, ça va… Comme une pauvre petite qui va avoir 22 ans d'une minute à l'autre. Si on m'avait dit ça il y a un an…
Le Repas des fauves (1964) ***de Christian-Jaque avec France Anglade, Francis Blanche, Claude Rich***

– Écoute, ma bonne Suzanne… Tu es une épouse modèle.
– Oh…
– Mais si! T'as que des qualités et, physiquement, t'es restée comme je pouvais l'espérer. C'est le bonheur rangé dans une armoire. Et tu vois, même si c'était à refaire, je crois que je t'épouserais de nouveau. Mais tu m'emmerdes.
– Albert!
– Tu m'emmerdes gentiment, affectueusement, avec amour, mais tu m'emmerdes.
Un singe en hiver (1962) ***d'Henri Verneuil avec Jean-Paul Belmondo, Jean Gabin***

– À partir de 16 ans, si on rapportait rien à la maison, on regardait les autres becqueter. Ça forme le caractère. À 18 ans on entrait en maison de redressement comme dans d'autres familles on entre au séminaire.
Le Pacha (1968) ***de Georges Lautner avec Jean Gabin, Dany Carrel, André Pousse***

– Il vaut mieux s'en aller la tête basse que les pieds devant.
Un taxi pour Tobrouk (1960) ***de Denys de La Patellière avec Lino Ventura, Charles Aznavour, Maurice Biraud***

– Je repasserai plutôt à l'occasion…
– C'est cela, repassez plutôt à ce moment-là!
Le Père Noël est une ordure (1982) ***de Jean-Marie Poiré avec Anémone, Marie-Anne Chazel, Thierry Lhermitte, Gérard Jugnot, Josiane Balasko***

– Ça sent la fraude fiscale !
– À quoi tu sens ça ?
– À l'épaisseur de la moquette.
Tenue de soirée (1985) ***de Bernard Blier avec Gérard Depardieu, Michel Blanc, Miou-Miou***

– D'l'alcool à cet âge-là !
– Non mais c'est un scandale !
– Nous par contre, on est des adultes, on pourrait peut-être s'en faire un p'tit !
– Maître Folace ?
– Seulement le tout-venant a été piraté par les mômes. Qu'est-ce qu'on se fait… On se risque sur le bizarre ? Ça va rajeunir personne !
– Ah, nous v'là sauvés !
– Sauvés… Faut voir !
– Tiens, vous avez sorti le vitriol ?
Les Tontons flingueurs (1963) ***de Georges Lautner avec Lino Ventura, Bernard Blier, Francis Blanche, Claude Rich, Jean Lefebvre***

– Le mec du *Grand Bleu*, il peut rester sous l'eau dix minutes sans respirer.
– Et toi, tu peux pas rester dix minutes sans dire une connerie !
Les Trois Frères (1995) ***de Didier Bourdon, Bernard Campan avec Pascal Légitimus, Didier Bourdon, Bernard Campam***

– Qu'est-ce que c'est que ça ? On dirait un sac-poubelle monté sur un manche à balai ! Continue comme ça, et tu vas finir Miss Éthiopie !
Tueurs nés (1994) ***d'Oliver Stone avec Woody Harrelson, Juliette Lewis, Robert Downey Jr.***

– Et pour le traiteur, j'ai pensé qu'on pourrait prendre Lenôtre.
– Pourquoi pas. Et qui c'est ?
– Comment ?

– Le traiteur, qui c'est ?
– C'est Lenôtre. Mais si vous préférez prendre le vôtre…
– Ah ! On peut prendre le vôtre !
– Parfait !
– Alors ? C'est qui ?… J'ai compris : vous voulez pas le dire ?
La Vérité si je mens 2 (2001) ***de Thomas Gilou avec Richard Anconina, José Garcia, Bruno Solo, Gad Elmaleh, Aure Atika***

– Quant à Monsieur, s'il n'est pas capable de comprendre qu'il vaut mieux s'appeler Jacquard que Jacquouille, qu'il prenne de la Juvamine !
Les Visiteurs (1993) ***de Jean-Marie Poiré avec Jean Reno, Christian Clavier, Valérie Lemercier, Marie-Anne Chazel, Isabelle Nanty***

– Les Flamands ont envahi la Bretagne !
– Ils ont osé ?
– Les Flamands osent !
Vous n'aurez pas l'Alsace et la Lorraine (1977) ***de Coluche avec Coluche, Dominique Lavanant, Gérard Lanvin, Anémone, Martin Lamotte***

– Remarque que l'essentiel, c'est d'se conduire comme un homme. Partir la tête haute aux assises, parce que après… on sait pas c'qui peut lui arriver.
Le Pacha (1968) ***de Georges Lautner avec Jean Gabin, Dany Carrel, André Pousse***

– Le village est gentil, là, mais c'est l'intervention de cette grosse femme, ça va très loin…
– C'est là que je me rends compte que, malheureusement, je vous ai beaucoup moins bien réussi que le porc !
Le Père Noël est une ordure (1982) ***de Jean-Marie Poiré avec Anémone, Marie-Anne Chazel, Thierry Lhermitte, Gérard Jugnot, Josiane Balasko***

– Et c'est quoi cette porte au plafond ?
– Ça, je sais pas. Faut voir avec Numérobis, l'architecte.
– Malococxis !
– Numérobis…
– Comment ça m'fait plaisir de vous voir ! Comment ça va ?
– Mal.
– Quel est le problème ?
– La porte au plafond, là.
– Ça ? Non, mais j'anticipe… Si vous voulez faire un deuxième étage, paf ! Vous pouvez parce qu'il y a déjà une porte pour y accéder !
Astérix et Obélix, Mission Cléopâtre (2002) ***d'Alain Chabat avec Gérard Depardieu, Christian Clavier et Djamel Debouze***

– Il y a deux choses que je déteste : les gens qui disent du mal des étrangers et les Hollandais !
Austin Powers 3 – Goldmember (2002) ***de Jay Roach avec Mike Myers***

– Dans deux ans, au revoir m'sieurs-dames ! J'serai à l'échelon sept, les mômes sont élevés, j'ai ma cabane en Dordogne, la retraite faut la prendre jeune.
– Faut surtout la prendre vivant. C'est pas dans les moyens de tout le monde !
Les Barbouzes (1964) ***de Georges Lautner avec Lino Ventura, Bernard Blier et Francis Blanche***

– Le planté du bâton ne marche pas du tout : mettez-vous bien ça dans la tête et votre bonnet par-dessus !
Les Bronzés font du ski (1979) ***de Patrice Leconte avec Michel Blanc, Marie-Anne Chazel, Christian Clavier, Thierry Lhermitte, Gérard Jugnot, Josiane Balasko***

– Y suffit de mettre un gigot au four pour voir s'amener les emmerdeurs.
Le cave se rebiffe (1961) ***de Gilles Grangier avec Jean Gabin, Bernard Blier, Martine Carol, Maurice Biraud***

– On serait riches, on sera heureux.
– Où est-ce que tu as appris que l'argent faisait le bonheur ? T'as été élevée chez les laïcs, toi ?
Cent mille dollars au soleil (1964) ***d'Henri Verneuil avec Jean-Paul Belmondo, Lino Ventura, Bernard Blier***

– Un minable qui vit sur sa réputation, c'est comme un champion qui mettrait jamais son titre en jeu.
Comment réussir quand on est con et pleurnichard (1974) ***de Michel Audiard avec Jean Carmet, Stéphane Audran, Jean-Pierre Marielle***

– Parle à mon colt, ma tête est malade !
Elle cause plus… elle flingue (1972) ***de Michel Audiard avec Annie Girardot, Bernard Blier, Jean Carmet***

– Passé le périphérique, je suis un citoyen comme n'importe quel Arabe.
Est-ce bien raisonnable (1981) ***de Georges Lautner avec Gérard Lanvin, Miou-Miou, Michel Galabru***

– Et la jupe, elle est où là ?
– Nan ça c'est des bas de contention, si je ne les mets pas, je risque de m'évanouir…
– Moi je vais pas vous mettre des bas ! Même pour vous vaut mieux vous évanouir, franchement ! Un moment donné faut… On dit non !
Intouchables (2011) ***d'Olivier Nakache et Éric Toledano avec François Cluzet, Omar Sy***

– Messieurs… Messieurs, si je vous ai arrachés à vos pokers et à vos télés, c'est qu'on est au bord de l'abîme… La maladie revient sur les poules… Et si j'étais pas sûr de renverser la vapeur, je vous dirais de sauter dans vos autos comme en quarante ! Le tocsin va sonner dans Montparnasse… Y'a le choléra qu'est de retour… La peste qui revient sur le monde… Carabosse a quitté ses zoziaux ! Bref, Léontine se repointe.
Faut pas prendre les enfants du Bon Dieu pour des canards sauvages (1968) ***de Michel Audiard avec Francoise Rosay, Bernard Blier, Marlène Jobert***

– On m'a dépendu mon pendu ! Il ne s'est pas dépendu tout seul !?
Fantômas contre Scotland Yard (1967) ***d'André Hunebelle avec Louis de Funès, Jean Marais, Mylène Demongeot***

– Si t'as des volontés à exprimer, une prière que t'aimes bien ou bien un mot historique à balancer, magne-toi, ça va péter dans cinq secondes !
Flic ou voyou (1979) ***de Georges Lautner avec Jean-Paul Belmondo, Michel Galabru, Marie Laforêt, Jean-François Balmer***

– Ne vous excusez pas ! Ce sont les pauvres qui s'excusent ! Quand on est riche, on est désagréable !
La Folie des grandeurs (1971) ***de Gérard Oury avec Louis de Funès, Yves Montand, Alice Sapritch***

– Qu'est-ce qu'elle a ma cravate ?
– C'est le modèle sport ? Moi j'avais celle qui s'allumait tous les quarts d'heure.
Le Guignolo (1980) de ***Georges Lautner avec Jean-Paul Belmondo, Michel Galabru, Charles Gérard***

– Si les femmes s'occupaient de savoir d'où vient l'argent qu'elles dépensent, les bijoutiers fermeraient boutique.
Massacre en dentelles (1952) ***d'André Hunebelle avec Raymond Rouleau, Anne Vernon, Bernard La Jarrige***

– Écoute-moi bien… À partir de maintenant, travaille au chrono parce qu'une minute d'écart, ça veut pas dire forcément soixante secondes. Ça peut se transformer en années de placard !
Mélodie en sous-sol (1963) ***d'Henri Verneuil avec Jean Gabin, Alain Delon, Viviane Romance***

– Le Mexicain l'avait achetée en viager à un procureur à la retraite. Après trois mois, l'accident bête. Une affaire !
Les Tontons flingueurs (1963) ***de Georges Lautner avec Lino Ventura, Bernard Blier, Francis Blanche, Claude Rich, Jean Lefebvre***

– Tu connaîtrais pas un certain Léonard Michalon ?
– Il te doit de l'argent ?
– Non, pourquoi ?
– Il en doit à tout le monde ; c'est le Belphégor des hippodromes !
Ne nous fâchons pas (1966) ***de Georges Lautner avec Lino Ventura, Mireille Darc, Jean Lefebvre***

– Si j'connaissais l'con qui a fait sauter l'pont…
On a retrouvé la 7e compagnie (1975) ***de Robert Lamoureux avec Jean Lefebvre, Pierre Mondy, Robert Lamoureux***

– On n'emmène pas des saucisses quand on va à Francfort !
Le Pacha (1968) ***de Georges Lautner avec Jean Gabin, Dany Carrel, André Pousse***

– Y a pas de mots pour dire ce que vous êtes, monsieur Ramirez… Enculé !
Papy fait de la résistance (1983) ***de Jean-Marie Poiré avec Gérard Jugnot, Jacqueline Maillant, Martin Lamotte, Michel Galabru, Roland Giraud***

– Le tabac c'est tabou, on en viendra tous à bout !
Le Pari (1997) ***de Didier Bourdon et Bernard Campan avec Didier Bourdon, Bernard Campan***

– Mais je vous en prie, figurez-vous que Thérèse n'est pas moche. Elle n'a pas un physique facile… C'est différent.
Le Père Noël est une ordure (1982) ***de Jean-Marie Poiré avec Anémone, Marie-Anne Chazel, Thierry Lhermitte, Gérard Jugnot, Josiane Balasko***

Vive les femmes !

• **Qu'est-ce que les hommes aiment que les femmes fassent avec leur bouche?**
Qu'elles la ferment!!!

• **Une femme demande à son mari :**
– Quel est le programme de ce soir?
– Moi, c'est du foot. Toi, c'est les programmes de la machine à laver!

• **Quelle différence y a-t-il entre une femme et le travail?**
Après plusieurs années de travail, il vous pompe toujours autant...

• **Quel point commun y a-t-il entre un ordinateur et une femme?**
Avant d'en avoir un, il fallait tout faire à la main!

• **Un mari annonce à sa femme :**
– Bientôt, tu n'auras plus besoin de te tracasser pour faire la vaisselle!
– Oh! Tu vas enfin m'acheter un lave-vaisselle?
– Non, mieux que ça...
– Tu vas m'offrir les services d'une bonne!
– Non, mieux que ça...
– Je ne vois pas. Dis-moi!
– Je vais t'acheter une montre étanche!

• **Un Italien, un Allemand et un Français discutent à la terrasse d'un café.**
– Moi, fait l'Allemand, ma femme passe de 0 à 100 en moins de dix secondes!
– Et comment? demande le Français.
– Je lui ai acheté une grosse Mercedes!
Mais l'Italien fait mieux...
– Moi, ma femme passe de 0 à 100 en moins de sept secondes!
– Et comment? demande l'Allemand.

– Je lui ai acheté une Ferrari !
Le Français prend alors la parole :
– Ben moi, ma femme, elle passe de 0 à 100 en moins de deux secondes !
– Quoi !!! Qu'est-ce que tu lui as acheté ? demandent l'Allemand et l'Italien.
– Un pèse-personne…

• **Pourquoi y a-t-il des hormones féminines dans l'alcool ?**
Parce que quand on a trop bu, on raconte des conneries et on conduit mal !

• **Pourquoi les femmes n'ont-elles plus le droit de jouer au badminton ?**
Parce que femme au volant, mort au tournant.

• **Un enfant demande à son père :**
– Est-ce que c'est vrai que dans certains pays, quand les hommes se marient, ils ne connaissent même pas leur femme ?
– Ça se passe ainsi dans tous les pays…

• **Qu'est-ce que les femmes ont tous les mois qui dure entre trois et cinq jours ?**
Le salaire de leur mari !

• **Une femme doit coucher pour réussir.** Un homme doit réussir pour coucher.

• **Un homme se promène sur une plage de la côte atlantique.** Il s'arrête, regarde tristement la mer, fixe l'horizon… Il baisse ensuite la tête et aperçoit une bouteille de verre à moitié enfoncée dans le sable. Il la ramasse, en retire le bouchon et… un génie sort de la bouteille !
– Bonjour ! Je suis le génie des sables ! Tu n'as droit qu'à un seul vœu !

L'homme réfléchit un court instant et prononce son vœu :
– Alors, voilà... Ma femme a décidé de changer de vie. Elle est partie travailler aux États-Unis, comme ça, sur un coup de tête. Je ne peux pas la rejoindre parce que je travaille ici et que l'avion revient trop cher. Peux-tu construire un pont qui traverserait l'Atlantique et que je pourrais emprunter avec ma voiture pour retrouver ma femme plus souvent ?
– Tu te rends compte de ce que tu me demandes ? C'est beaucoup trop compliqué à réaliser comme vœu ! Fais-en un autre.
– Bon... Pourrais-tu me dire ce qui peut bien se passer dans la tête d'une femme ?
– Sur ton pont, tu veux une autoroute à deux ou trois voies ?

• **Quelle est la seule chose en or que les femmes détestent ?**
Le silence !

• **Pourquoi les femmes ont-elles des jambes ?**
Pour pouvoir se déplacer de la cuisine à la chambre.

• **Pourquoi les hommes choisissent-ils toujours des femmes qui pleurent sans raison et qui mettent deux heures à s'habiller ?**
Ce n'est pas un choix, il n'y en a pas d'autres !

• **Une femme a l'habitude de passer toutes ses soirées pendue au téléphone.** Un soir, la conversation ne dure que trente minutes et son mari s'en étonne :
– Tiens ! Tu raccroches déjà ? Tu t'es disputée ?
– Non, je me suis trompée de numéro...

• **Pourquoi les hommes appellent-ils leur femme « ma poule » ?**
Parce qu'elle bouffe tout le blé !

• Deux potes jouent au poker…
– Et si on jouait nos femmes ? propose le premier.
– D'accord !
Ils distribuent les cartes et commencent à jouer. Après un court instant, l'un dit à l'autre :
– Et si on ajoutait 100 euros pour intéresser la partie ?

• Que font les femmes qui n'ont pas de sex-appeal ?
Elles achètent un sexe… à pile.

• Quel est l'autre nom de la maladie de la vache folle ?
La ménopause !

• Quel est le matériau le plus résistant au monde ?
La peau de femme, car tu as beau la limer, il n'y a jamais de copeaux !

• Un homme est excédé de voir sa femme revenir encore une fois à la maison avec des emplettes :
– Qu'est-ce que tu as encore acheté !
– Deux ou trois petites robes… répond craintivement sa femme.
– Petites… Petites… Ce n'est pas ça qui change leur prix ! Franchement, ne me dis pas que tu en avais besoin ! C'est maladif, chez toi. Il faut toujours que tu achètes !
– Oui, mais… c'est encore le diable qui m'a tentée !
– Le diable… Le diable… Je sais pas, moi… T'as qu'à dire : « Va-t'en Satan ! »
– C'est ce que j'ai fait, chéri !
– Ah oui ? Et qu'est-ce qu'il a fait, Satan ?
– Il est passé derrière moi et il m'a dit : « Elle vous va encore mieux de dos ! »

• Comment réduire de 50 décibels le bruit que fait une voiture quand elle roule ?
En supprimant le siège de la passagère !!!

• **Quel point commun y a-t-il entre les bébés et la vaisselle?**
Ce sont les deux choses que les femmes font le mieux!

• **Les cigognes qui amènent les bébés sont-elles des femelles ou bien des mâles?**
Des mâles, obligatoirement! Vous avez déjà vu des femmes fermer leur bec plus de cinq minutes?

• **Comment appelle-t-on une fille qui ne veut pas avoir de relation sexuelle avant le mariage?**
Pourquoi voulez-vous l'appeler?

Vive les hommes !

• **Un homme est dans le coma, entre la vie et la mort...** Il vit alors une expérience de mort imminente pendant laquelle il rencontre Dieu...
– Dieu ! Pourquoi les femmes sont-elles si belles ? lui demande-t-il.
– Pour que vous puissiez les aimer.
– Mais alors, pourquoi sont-elles si connes ?
– Pour qu'elles puissent vous aimer...

• **Qu'auraient fait les femmes sans les hommes ?**
Elles auraient élevé un autre animal !

• **Pourquoi les femmes conduisent-elles si mal ?**
Parce que les moniteurs d'auto-écoles sont des hommes !

• **Il y a des hommes parfaits à chaque coin du monde.**
Malheureusement la Terre est ronde...

• **Pourquoi les hommes mentent-ils autant ?**
Parce que les femmes posent trop de questions !

• **Un homme fait une proposition à sa femme :**
– Chérie ! Ça te dit d'essayer une nouvelle position, ce soir ?
– Oh, oui ! Avec plaisir ! Je m'allongerai sur le canapé et toi, tu te mettras derrière la table à repasser !!!

• **Les hommes aiment tellement leur femme qu'ils préfèrent user celle des autres !**

• **Il suffirait de quatre animaux pour rendre les femmes heureuses :**
1. Une Jaguar dans le garage ;
2. Un étalon au lit ;
3. Un vison dans le placard ;
4. Un âne pour tout payer.

Malheureusement elles ont souvent :

1. Une Panda dans le garage ;
2. Un cochon au lit ;
3. Des mites dans le placard ;
4. Et tout ça à cause d'un rat qui ne veut rien payer !

• **Comment fait-on se baisser un homme ?**
En mettant la télécommande par terre.

• **Les hommes ont tellement peu de mémoire qu'ils sont obligés de regarder l'action au ralenti quand il y a un but !**

• **Les hommes c'est comme le café.** Les meilleurs sont riches, chauds et peuvent vous tenir éveillée toute la nuit.

• **Les hommes sont comme les lampes magiques…** Moins brillants qu'ils en ont l'air, car il faut les frotter pour en faire sortir le génie !

• **Quel point commun y a-t-il entre un homme et un chat ?**
Ils ont tous les deux peur de l'aspirateur !

• **Qu'est-ce qu'un dictionnaire ?**
L'intelligence d'une femme avec l'épaisseur d'un homme.

• **Pourquoi faut-il des millions de spermatozoïdes pour fertiliser un seul ovule ?**
Parce que comme leur propriétaire, les spermatozoïdes refusent de demander leur chemin !

• **Un homme dit à sa femme :**
– Aux infos, ils ont dit que les femmes prononçaient plus de mots par jour que les hommes !
– Normal ! répond sa femme. Faut toujours vous expliquer les choses deux fois !
– Quoi ?

• **Pourquoi les hommes n'ont-ils pas de règles?**
Cela n'est pas nécessaire puisqu'ils grognent déjà en permanence!

• **Que peut-on dire d'un homme attaché avec des menottes?**
Qu'il peut enfin mériter votre confiance!

• **Pourquoi seulement 3 % des hommes vont-ils au paradis?**
Parce que plus, ce serait l'enfer!

• **Quand une femme peut-elle dire d'un homme qu'il est bien balancé?**
Lorsqu'elle l'a définitivement jeté!

• **Comme tous les jours, un homme achète un bouquet de fleurs.**
– Je vais prendre ce bouquet, s'il vous plaît! Et ce sera certainement le dernier de ma vie que je viendrai vous acheter..
– Ah… Que se passe-t-il? Voilà un mois que vous venez m'acheter des fleurs tous les jours. Vous allez rompre?
– Non, pas du tout! Je la demande en mariage ce soir!

• **Quelle différence y a-t-il entre l'homme idéal et le Père Noël?**
On arrête de croire au Père Noël beaucoup plus tôt!

• **Comment appelle-t-on un homme intelligent, sensible et beau?**
Une rumeur!

• **Quels points communs y a-t-il entre un homme et un robot ménager?**
On en prend un en se disant que ça sera merveilleux, et puis il ne sert jamais à la cuisine et il encombre la maison!

• **Quelle différence y a-t-il entre un homme et un perroquet?**
Il est possible de faire dire des choses gentilles à un perroquet.

• **Quel point y a-t-il entre des hommes qui font une virée entre célibataires?**
Ils sont tous mariés!

• **Après une journée de travail, un homme rentre chez lui.** Il allume la télévision, s'affale dans le canapé et demande à sa femme:
– Amène-moi une bière avant que ça commence! Vite!
Sa femme s'exécute sans mot dire et lui porte une bière. Une demi-heure plus tard, l'homme commande de nouveau:
– Chérie! Amène-moi mon journal! Et vite avant que ça commence!
Sa femme apporte le journal à son mari... Dix minutes plus tard, lorsqu'il a vidé son verre, il appelle encore sa femme:
– Chérie! Amène-moi une autre bière! Vite, ça va bientôt commencer!
C'en est trop pour sa femme..
– Quoi!? Tu te fous de moi! T'arrives... Tu dis même pas bonjour, tu poses ton cul sur le canapé et tu me prends pour ta bonne? Tu restes là à rien foutre pendant que moi, je termine le repassage de « monsieur », et que je fais la cuisine pour « monsieur »!
Le mari pose alors son journal, ferme les yeux et soupire:
– Pff... Et voilà, ça commence!

• **Quel point commun y a-t-il entre une fille qui regarde un film romantique et un gars qui regarde un film porno?**
Les mouchoirs en papier!

• **Est-il vrai que les hommes ne peuvent pas faire deux choses en même temps?**
Faux. Ils parviennent très bien à regarder un film porno et à se branler en même temps!

• **Que doivent faire les hommes pour avoir l'impression d'avoir un énorme sexe ?**
Coucher avec des naines !

• **Un père se fâche contre son enfant et lui fait une leçon de morale :**
– N'oublie jamais ça : ici, c'est moi qui commande !!!
Alors que le petit fait demi-tour la tête basse, son père le rappelle :
– Heps ! Euh… Surtout, ne fais pas de gaffe : ne répète pas à maman ce que je t'ai dit, d'accord ?

• **Un homme raconte à un collègue sa dispute de la veille avec sa femme.**
– Je ne comprends pas ce qu'il lui a pris ! J'étais tranquillement installé devant la télé en train de regarder une émission sur l'euthanasie. Je lui ai dit : « Surtout, si un jour je suis dans un état végétatif alimenté par un liquide et maintenu en vie par une machine, débranche-moi ! » Et là, elle s'est levée, m'a retiré ma bière, m'a arraché la télécommande de la main et a éteint la télé !?

• **Quelle différence y a-t-il entre un homme et un moustique ?**
Les moustiques ne font chier que l'été !

• **Qu'est-ce que « faire l'amour » ?**
C'est ce que fait une femme pendant qu'un homme baise.

• **Un homme se promène sur une plage et se cogne le pied contre un objet métallique.** Il se baisse, enlève le sable tout autour de l'objet et découvre une lampe… Il la nettoie, et là, un génie en sort !
– Bonjour ! Je suis un génie ! Pour te remercier de m'avoir délivré, je t'offre trois vœux que j'exaucerai sur-le-champ !

L'homme réfléchit un instant et demande :
– Le plus important dans la vie, c'est la santé ! Je voudrais avoir une santé de fer pour toujours !
Immédiatement, le génie réalise son souhait.
– Tu auras la santé toute ta vie ! Il ne te sera même pas possible de t'enrhumer ! Une très longue vie t'est promise… Excellent premier vœu ! Quel est ton deuxième ?
– J'aimerais… devenir l'homme le plus riche de la planète !
Le génie concrétise son vœu immédiatement :
– Te voilà l'homme le plus riche de la planète ! Tes comptes bancaires ont été crédités, tu vas pouvoir t'offrir tout ce que tu veux et réaliser la plupart de tes souhaits maintenant… Il n'est peut-être pas nécessaire d'utiliser ton troisième et dernier vœu ?
– Si ! Si ! Il m'en reste un, je veux le faire !
– Bien… Je t'écoute…
– Je voudrais… devenir irrésistible pour les femmes !
Et… Pscchhhiiit ! Le génie transforme l'homme en boîte de chocolats…

• **Quel point commun y a-t-il entre faire l'amour avec un homme et suivre une série télé ?**
C'est quand ça commence à devenir intéressant que ça se termine…

• **À un certain âge, la femme est ménopausée.** Chez l'homme, on parle d'andropause alors qu'il s'agit plutôt du syndrome de l'oignon : gros ventre, mauvaise haleine, queue sèche, et quand on le regarde… on a envie de pleurer !!!

• **Une femme lit l'horoscope :**
– Et merde !!! crie-t-elle. Merde et re-merde !
– Qu'est-ce qui se passe ? demande son mari.
– Tu serais né un jour plus tôt, tu serais, doux, attentionné, courageux et bon amant ! Mer-de !

• **Qu'est-ce qui rend tous les hommes beaux ?**
L'obscurité !

• **Pourquoi les hommes se mettent-ils des gouttes de Viagra dans les yeux ?**
Pour avoir le regard plus dur !

• **Quel point commun y a-t-il entre un homme et un cafard ?**
Ils n'entrent dans la cuisine que pour voir ce qu'il y a à bouffer !

Contactez l'auteur et retrouvez tous ses livres sur :
www.gaulet-livres.com